実践に役立つ

学校事例解決策研究会

都政新報社

はしがき

　一昨年の「教育基本法」の改正・施行に引き続き、昨年の教育3法（教職員免許法等）の改正が、平成20年度から実施されます。また、本年2月には、幼稚園の教育要領と、小学校、中学校の学習指導要領の改訂案が示され、高等学校と特別支援学校の学習指導要領の改訂作業も進められているところです。さらに、5月には、今後の公教育の指針となる教育振興基本計画が示されるなど、新たな教育改革が始まりました。

　東京都においても、新たな教育課題への取組の方向と施策を明確にし、日本の教育をリードする東京の姿勢をアピールする「東京都教育ビジョン（第二次）」を5月に公表しました。

　このような動きの中で、教員の職のあり方に関しても、学校教育法の改正（平成20年4月1日施行）により、新たな職が設置されることとなり、「副校長」「主幹教諭」が学校教育法上の職として位置づけられました。

　「指導教諭」については、現在、東京都の公立学校においては、相当する職は設置していません。今後、都における指導教諭のあり方（職務内容、任用数、選考方法など）について検討を進めていくことになります。

　また、「教育管理職等の任用・育成のあり方検討委員会」の第1次報告（平成19年12月）が発表され、優秀な学校管理職の確保や指導主事の確保と力量形成について、具体的な教育管理職選考制度の改正について検討しています。平成20年3月には、「教育管理職の選考に関する基準」の改正がなされ、4月には、新しい要綱が発表されたところです。

　このような動きの中で、これからの教育管理職には、どんな資質や能力が求められるのでしょうか。

　現在、様々な場面で、管理職の力量不足が指摘され、その背景に、教育課程の編成や学校運営についての経験が足りないことが原因としてあげられています。このことから、これからの教育管理職には、学校経営全般にわたって、主幹や主任として主体的に関与していく職務経験が重視されます。また、所属校における日常の勤務の中で生じる様々な課題に対して、学校経営の視点からの課題意識を高めるとともに、その具体的・効果的な解決策を見出していく能力が求められます。

はしがき

　このたび、多くの教育関係者のご協力をいただき、「実践に役立つ学校現場の事例解決策」を刊行する運びとなりました。この冊子は、具体的な学校での課題を事例として示し、その事例の課題となる視点を明確にして、具体的な解決策を例示しています。また、課題解決のポイントとなる事項を焦点化するとともに、関連する法令や通知など、法的根拠となるものについても参考として示しました。これからの時代の教育管理職を目指す方々の格物致知のための一助になれば幸いです。

　平成20年7月

学校事例解決策研究会

はじめに　―本書の内容―

1　学校の現状

　現在、学校では、様々な課題を抱えていて、校長をはじめ、副校長・主幹・教職員は、日々、課題の解決に向け、積極的に取り組んでいますが、簡単には解決できない状況にあります。このようなことから、課題を解決しようとする途中で、また新たな課題がでてきて、課題を一つ一つ迅速に解決できていません。この「課題が山積し、解決できない」ということに、次のような様々な原因が考えられます。

（1）児童・生徒等の変化

　以前と比べて、児童・生徒の多様化や学校に対する保護者・地域の様々な要求があげられます。ベテランの教職員でさえも経験したこと以外の問題があがってくるということです。

（2）学校においては、教職員が個々、熱心に取り組んでいても、ともすれば、空回りしてしまい、有効な解決には至らず、問題は残ったままになってしまうことも多くあります。これは、従来からの手法や自分の経験則のみ（成功例をそのまま当てはめること）による教育活動を行っていては、問題解決だけではなく個々の児童・生徒の多様性や保護者・地域からの様々な要求に対応はできません。

（3）学校の個性化・特色化についても、日々起こる問題に対応することで手一杯になってしまっていて、中長期的にあるべき方向に向けるための検討をしていくことが難しい状況にもあります。

2　本書の意義

　学校では、このような様々な課題を解決し、児童・生徒や保護者・地域の期待に応えていくためには、従来からの手法や経験則を頼りに、個人として解決を図るのではなく、(管理職候補者研修や校長研修で特に重点を置いている)マネジメント手法により、情報収集・分析や組織的に問題に対応していくことが必要になります。

　本書では、学校において起こりうる様々な困難事例を取り上げ、従来の手法（もちろん有効な手法も多くあります）にプラスしたマネジメント手法を取り入れた実効性のある組織的な解決策を、現在の教育改革の動きと絡めて

います。

　また、校長、副校長、主幹の実際の学校での問題解決の参考となるとともに、校長選考をはじめ、教育管理職選考や主幹選考にも論文だけではなく面接対策に十分対応できるものなっています。

　なお、事例によっては、教職員の教育相談的な役割も持たせていますので、参考にしていただければと思います。

3　学校経営への意識改革

　最近は「学校経営」が学校を向上させるために重要であるといわれています。これは、学校を組織的に活用することに重点を置いたことです。「学校経営」ということは、現状の学校における問題を解決していくために重要であり、必要なことです。具体的には、教職員、予算、施設等を効果的に結集して、課題を解決して、学校を現状から更に発展させていくことです。このことの連続により組織が発展していくことになり、学校が児童・生徒によりよい教育を行うことができるようになります。

　この「経営」ということでは、もちろん校長や副校長、主幹だけに関係することではなく、一般の教職員も当然に組織の一員として関係してきます。教職員は、校長等の教育管理職とともに、学校経営に参画して、意識を高く持ち、学校の教育を向上させていかなければなりません。もっとも教職員にこのような意識を持たせるためには、校長や副校長、主幹が教職員に対し、働きかけをすることが重要になります。このことは、マネジメントの内容になっていますので本書で述べていくことになります。

4　本書の構成
(1)　具体的な事例

　以上の役割を担うため、本書では、次のような分野の内容にして、日々、学校で起こりうる事例、また、中長期的に考えていかなければならない事例、さらに、解決するのが難しい困難な事例も取り上げていきます。

　①学校経営に関する分野
　②教職員に関する分野
　③教育課程に関する分野
　④生活指導に関する分野

⑤地域・保護者に関する分野
　　⑥特別支援教育に関する分野
（2）解決策
　課題を解決策するため、「具体的な事例解決策」をあげます。校長が組織的に学校を経営しやすいように、都教育委員会では、「職員会議の位置付けの明確化」「企画調整会議・予算調整会議の設置」「人事考課制度の導入」「主幹制度の導入」の制度改正を行い、また、各区市町村教育委員会でも同様の制度改正を行ってきました。
　学校において、組織的に問題を解決する条件は揃っていますので、これらの制度を駆使するとともに、マネジメント手法を積極的に取り入れた組織的な解決策を示していきます。
　さらに、組織という面からの視点だけではなく、個々の教職員への意識改革及び育成の視点も取り入れていきます。

5　まとめ

　現在の教育管理職に求められているのは、教育者であると同時に経営者です。学校経営者としては、学校を現状維持させるのではなく、よりよく発展させていかなければなりません。言い換えれば、教育管理職は、実効性のある具体的な解決策により、問題を解決して、よりよい学校づくりをしていかなければなりません。本書は、このような視点に立ち、実効性のある具体的解決策を提示していきます。

目　次

はしがき……………………………………………………………………… 1
はじめに　―本書の内容―………………………………………………… 3

第1章　学校経営

事例解決策1　問題意識の低い学校 …………………………………………10
事例解決策2　意思決定手続が適切でない学校 ……………………………14
事例解決策3　最近、生徒、保護者や地域からの評価が低くなった学校…18
事例解決策4　授業改善から学校改革へ ……………………………………21
事例解決策5　体罰がある学校 ………………………………………………24
事例解決策6　教師による交通事故が起きた学校 …………………………27
事例解決策7　校長の学校改革に対し教員全体が消極的な学校 …………30
事例解決策8　組織的な取り組みが課題である学校 ………………………33
事例解決策9　危機管理が十分でない学校 …………………………………36

第2章　教職員

事例解決策1　初任者の育成が困難な学校 …………………………………42
事例解決策2　セクシュアル・ハラスメントへの対応が必要な学校 ……46
事例解決策3　業務遂行のチェック体制が不十分な学校 …………………49
事例解決策4　進学指導に重点を置いた学校 ………………………………53
事例解決策5　きめ細やかな指導ができていない学校 ……………………57
事例解決策6　職員の健康管理に課題のある学校 …………………………62
事例解決策7　外部の力などを活用して学校改革を進める学校 …………66

第3章　教育課程

事例解決策1　カリキュラム・マネジメントが行われていない学校 …… 72
事例解決策2　教育課程に課題のある学校 ……………………………… 75
事例解決策3　教育課程の工夫が不足している学校 …………………… 78
事例解決策4　指導計画が安易に変更されてしまう学校 ……………… 82
事例解決策5　週ごとの指導計画の活用で教員の授業力を高める学校 … 86
事例解決策6　教科「情報」の履修の在り方に課題のある学校 ……… 90
事例解決策7　修得・履修すべき単位数が異なる学校 ………………… 93

第4章　生活指導

事例解決策1　異性への強い関心がある生徒への指導 ………………… 98
事例解決策2　学校事故の多い学校 …………………………………… 102
事例解決策3　保護者からの教員の専門性についての苦情 ………… 106
事例解決策4　特別支援教育コーディネーターへの苦情 …………… 110
事例解決策5　生活指導に追われる学校 ……………………………… 114
事例解決策6　予期しない「いじめ」が発生した学校 ……………… 119
事例解決策7　中途退学者が多い学校 ………………………………… 122
事例解決策8　生活指導に視点をおいた学校改革 …………………… 125
事例解決策9　生活指導・問題行動の指導が不十分な学校 ………… 130

第5章　地域・保護者

事例解決策1　地域・保護者からの信頼が得られない学校 ………… 138
事例解決策2　地域・保護者への情報提供が不十分な学校 ………… 141
事例解決策3　ベテラン教員を活躍させた専門性の高い学校に …… 144
事例解決策4　特別支援教育体制への転換が不備な学校 …………… 148

第6章　特別支援教育

事例解決策1　センター校の役割への意識改革が困難な学校 ………… 156
事例解決策2　特別支援教育への転換が遅れている学校 ……………… 160
事例解決策3　公開授業研究ができない学校 …………………………… 164
事例解決策4　地域や保護者の評価を活用した学校経営へ …………… 168
事例解決策5　大きな変化を望まない学校 ……………………………… 172

教育コラム　学校評議員制度について……………………………………39
　　　　　　　教育職員免許更新制について……………………………69
　　　　　　　情報教育の位置づけ………………………………………96
　　　　　　　学校における児童・生徒の個人情報保護について……… 135
　　　　　　　学校における教育活動等の評価及び情報提供への法的
　　　　　　　　位置付け………………………………………………… 152
　　　　　　　「国連障害者の権利条約」について ………………… 176

第1章

学校経営

事例解決策 1　問題意識の低い学校

事例

　A学校は、特に緊急に解決しなければならない課題となるようなものはなく、保護者や近隣の中学校や地域からは落ち着いた学校であるとの評価を得ている。また、保護者や地域も学校へは協力的であり、ここ数年学校への苦情もない。教職員は熱心に教育活動を行っている。日々、個別の問題が発生すると、担当の教職員は、積極的に対応しているが、学校の教育を教職員全員で毎年向上させていくという雰囲気は感じられない。

　B校長は少しでも向上させなければと思い、企画調整会議（企画会）や職員会議で、日々の問題解決だけではなく、長期的な視点で学校を向上させていかなければならないと教職員に意識付けを行っている。しかし、教職員一人一人は、教育活動にはそれなりに熱心なため、自分はよくやっているという思いがあり、B校長の発言にはあまり関心を示さない。また、C副校長やD主幹からは、「教員はそれぞれ熱心に教育活動を行っているし、また、かなり忙しい思いをしている。これ以上教員にいろいろ要求するのは無理があるのではないか」との意見が出る状況である。

　B校長はこのような状況の中、問題もないのであるから、わざわざ波風を立てる必要もないかと思ってきた。

■視点

　日々起こる問題を解決していくことにより、満足するとともに充実感を持つ教員が見受けられることがある。問題を早急に解決しなければならない状況下にあれば、教職員が問題解決をするという共通の目的を持って対応していくという意識になる。日々起こる問題を解決するとともに計画的に学校の特色化・個性化にも取り組み、学校を更によりよく発展させていくためには、マネジメント・サイクルの定着が必要である。

　現在、学校では、学校経営計画（方針）を取り入れたマネジメント・サイクルを導入している。このマネジメント・サイクルでは、Plan（計画）を策定し、Do（実行）し、それをCheck（評価）し、さらにAction（改善）する。このAction（改善）を取り入れ、次年度のPlan（計画）を策定し、循

環していくということである。学校という組織を継続的に発展させていくには必要なことである。この導入にあたっては、毎年行っていくことでサイクルを定着させることが重要である。

■解決策
1　PDCAのポイント
　①Plan（計画）
　　「学校経営計画」（経営方針）は、学校の教育活動の目標となるものであり、重要である。校長は1年間の計画（方針）を策定することになるが、1年だけではなく、数年にわたる中期的な目標を視野に入れることが必要である。「中期的計画」から1年間ごとの計画をわかりやすく関連づける。
　　また、この計画は、学校の中心となる個々の教職員の教育活動が、組織として統一性がとれたものにするため、「教育課程届」等と関連させることが必要である。
　　さらに、数値目標を使い、わかりやすいものにしていく。この計画の期間は1年間だけのものではなく、1学期、1カ月ということも可能である。
　　「学校経営計画」（経営方針）の内容について校長のトップダウンで決定するものと、教職員にこの計画（方針）を浸透させるため、教職員からの意見を聞くなどによるボトムアップで決めていくことを使い分ける。
　②Do（実行）
　　教員一人一人の個別の努力だけでなく学校が組織的に対応していかなければならない。そのため校内分掌組織や各学年が連携して、計画を実行していく必要がある。経営計画（方針）を、各分掌でさらに詳細に策定して、実施していく。
　③Check（評価）
　　Do（実行）により、情報を収集して、児童・生徒の実態を把握・分析し、課題を発見する。主幹・主任を中心とした各分掌で、組織的に検討することが重要である。
　　また、「学校運営連絡協議会」の意見・提言を学校経営企画（方針）に積極的に取り入れていく。学校においては、慣れてきてはいるが、基本的には批判されることを嫌がる。批判へは、前向きに検討するのではなく反論や擁護の意見が出ることもある。しかし、校長、副校長は教員に対して

批判を分析し、課題を見つけて対応していくことが学校の改善―児童・生徒たちのためになるということを繰り返し言い続けるとともに、マネジメント・サイクルの仕組みについて分かりやすい資料により意識改革を促進していく必要がある。

なお、学校では、学校運営協議会協議委員との連携を図るため、授業公開や行事への地域の人々の参加の機会を増やすことも重要である。

④ Action（改善）

いわゆる「PDCA」のサイクルということは、A（改善）が次年度のP（計画）に反映されることにより、学校を継続的計画的に発展させることができる。A（改善）では、C（評価）をどのように具体的にA（改善）に反映させるかということが重要である。

2　教員の意識改革

同じような環境や児童・生徒の状況である学校の改善例を、教職員へ情報提供するとよい。改善がされている学校での児童・生徒の進路状況等や教員の取組の紹介をする。また、先ほど述べたように検討に参加させ、参画意識を持たせる。特に実質的なリーダー格を検討に参加させ、日ごろから校長等の考えをわかりやすく伝え、繰り返し伝えることにより絶えず聞かせるようにするのもよい。このような機会を設けることにより校長としても教員の意見を聞けるようにもなり、良好なコミュニケーションを構築させることになる。

■アドバイス

マネジメント・サイクルの定着では、組織のマネジメント・サイクルと個人のマネジメント・サイクルの組み合わせにより定着していく。教員個人がマネジメント・サイクルの必要性を感じさせるためには、校長や副校長は、教員個々人の資質・能力を把握して、適切なアドバイスが必要になる。プラスの能力は更に伸ばし、マイナスな能力は一定の水準にまで持っていくということである。

ここで重要なのは、指導をした後、一定期間経過したら状況を把握して、更に必要なアドバイスを行うということである。また、マイナスな能力は根気よく、きめ細かな指導を要することになる。指導をした後、状況によっては、指導内容を修正する。

このことを繰り返すことにより教員の資質・能力が向上し、マネジメント・サイクルの重要性を実感することになる。

■**東京都の動き**
　東京都教育委員会のホームページで、詳しいマネジメント・サイクルの説明がある。
　　・都立高校マネジメントシステム検討委員会報告
　　・都立高校等の経営に関する検討委員会報告書

事例解決策2　意思決定手続が適切でない学校

事例

　今年度、A学校にB校長は着任した。教職員は一人一人熱心に教育活動を行っていて、明るく、活気に溢れた職場であった。また、赴任したばかりの校長をはじめ、副校長や主幹にも様々な相談をしてきて、職員間のコミュニケーションは良好であった。

　しかし、このA学校では、以前から、各分掌で案を作成し、企画調整会議、職員会議での協議を経て、校長が決定するという手続になっていた。校長は、職員会議の会議録を見たところ「決定事項」があいまいに記載してあり、会議に出席した人にしかわからない記載になっていた。また、副校長や事務職員に起案の状況を聞いたところ、「本校では、予算を伴う場合には、起案をしている。また、学校名を使用する場合には、特に起案はしないが、事前か事後に必ず、副校長が見る」とのことであった。

　B校長は、A学校における今までの会議録の記載の方法や事案決定手続について変更しようと、企画調整会議（企画会）で意見を聞いてみることにした。しかし、普段は良好な関係にあった教職員から一斉に反発を受けた。B校長は副校長に相談したところ、「学校教育とは本質的に関係がないことで教職員の反発を招くのは得策ではない」のと意見であった。B校長は、①良好な教職員の関係を壊したくないこと、②変更しても教育活動に影響はないとの判断、③以前から慣行により行っていることもあり、わざわざ波風を立てる必要はないと考え、しばらく静観して、何かきっかけがあった場合に、変更しようと考えた。B校長は、このきっかけを利用することも、管理職としての判断としては良いものだと思っている。

■視点

　以前、学校において、事案の決定は、職員会議等の話し合いの中で行われ、あいまいな形で、決定されてきた経緯がある。また、「保護者へのお知らせ」「学級通信」等学校外に通知する文書について、校長や副校長の承認を得なかったり、事後に校長や副校長に見せることもある。学級通信は学級担任が発信するものであり、校長や副校長の関わりは必要ないと考えている

教員がいた。今でも少なくはなってきたが、依然として同じような教員がいる。

　事案の決定は、会議で皆で決めるのではなく、当たり前のことであるが、校長又は副校長が決める。このことをはっきりしておかないと、前述のように、校長又は副校長の決定がないままに、保護者への通知等様々なことが事実上教職員が決めてしまうことになる。

　また、決定権者は、校長又は副校長だが、決定する「権限」を持ち、また同時に「責任」も持つことになる。組織論でいう「権限と責任の原則」ということである。当たり前のことであるが、このことを組織において徹底しなければならない。

　さらに、事案決定は組織運営において、不可欠なものである。もし、この事案決定が手続どおり行われなければ、組織としての統一性が図れない。組織の構成員が同一歩調をとれず、個々人の動きになり、学校が組織的に、統一的に教育活動を行っていくことはできない。

　学校において、教育管理職は、なぜ事案決定が適切に行われなければならないかについて、教職員に十分理解させ、ルールどおりに実行させていくことが、組織的な動きへとつながっていく。このことにより、教育課題に対して、組織的に対応することができるようになる。

■解決策
①事案決定の明確化
　会議で教職員が協議した内容について、校長又は副校長が判断し、明確に決定し、記録させる。つまり、意思決定は誰が、どのような内容を決定したかを明確に記録させる。また、会議終了後、必要に応じて、直ちに担当者に起案をさせ、文書による決定を行う必要がある。手続方法にもよるが、簡易な事案については、校長又は副校長が決定したことを会議録等に正確に記載させ、校長・副校長が押印する。
②手続の明確化
　教職員には、案を作成する際、今までのとおり担当者に作成させ、副校長・担当の主幹・主任の審議を経て、決定権者である、校長（又は副校長）が判断をして、決定するという一連の流れをルール化し、組織的に対応していく。例えば、校長決定事案で、対外的に通知をする場合、必ず担当が起案

をして、主幹・主任が審議し、次に副校長が審議し、最後に校長が決定して、通知をするよう周知する。起案のマニュアル作成も有効である。また、郵送の場合、郵券が必要になるが、郵券を渡す際、決定の文書を確認するシステムにすることも有効である。

③教職員に対する意識啓発

　以上述べてきたことを、教職員に早急に周知することが必要である。

　具体的には、教職員に企画調整会議や職員会議等で繰り返し伝え、また、なぜ必要なのかを説明していく。説明だけではなかなか浸透しないとこも事実である。そのため、わかりやすい文書を配布して、説明を繰り返すことである。学校において従来から行われてきたことは、簡単には是正されない。繰り返し、繰り返し、説明し、教員の意識改革を行っていくことが必要である。

　さらに、組織的に対応するというような理念的なことを言っても、教職員はなかなか納得しないかもしれない。個々の事例捉えて、具体的にそれぞれの立場で、チェックしていくことにより、また、案の内容の精度が高まっていくことを説明することにより、教職員に理解させるのも有効である。

④管理職としての意識

　最近は公文書公開条例を根拠とし、指導要録や職員会議録だけではなく、事案決定の文書（起案して、決定した文書）が請求されることもある。事案決定をあいまいにしておくと、学校という組織自体の信頼が得られなくなる。そのためにも、会議録の整備と同じように、意思決定について起案による文書化が必要になる。このことは、社会一般では当たり前のことである。しかし、学校ではこの当たり前のことを実行するということが難しい状況である。教育管理職として、積極的に適正化を進めることが、組織経営につながっていくことになる。ルールどおりに行うことの大切さを教員に理解させることが重要である。

■アドバイス

　教育管理職として、教職員との和も大変重要なことであるが、この和を重んじるだけでは、管理職としての職責を果たしているとはいえない。教員に対し、正すことは、迅速に正していくことが求められる。教員全体といっても一部の強い意見を持った教員の発言に対し、管理職があいまいな態度をと

ることでは、真面目な教員のやる気を削いでしまうことになる。管理職として、適正に判断することが必要である。

また、事案決定手続が適正に行えているかということは組織的に動いているかどうかの「ものさし」にもなる。学校組織の教育力の向上につながることは、児童・生徒のためになることを頭に置きながら、迅速に進めるべきである。

なお、変える状況にあるときには、迅速に変えないと、変える機会を逸してしまうことになる。

■都教育委員会の動き

都教育委員会では、都立学校において適正な学校経営が行われるよう、企画調整会議を中心に、各分掌の意見を吸い上げ、検討していくことを通知している。このことは、学校において、検討すべき案件については、きちんと分掌組織の中で検討を行い、その結果を案として、企画調整会議へ報告するというものであり、組織的な検討を念頭に置いている。

教職員全員で一つ案件を議論することは一見よく検討できるような気がするが、よく考えてみると、一つ案件を分掌の組織で関わる一定人数の教職員が検討した方がより深く検討することができる。そして、この検討されたことを企画調整会議で様々な視点で更に検討することにより、慎重にかつ重層的に判断できることになる。多数の人がいるとなかなか議論が深まらないのは、経験則からも言えることである。

また、職員会議を、議会や会社を例にし、民主主義の多数決原理の例で説明をしようとする人もいるが、議会の多数決は権限がある議員が行うことであり、会社は株主という議決権を認められたことによる行使であり、議決権を有する人々が行使することが前提である。

事例解決策3　最近、生徒、保護者や地域からの評価が低くなった学校

事例

　A高校では、かなり前には生徒から人気があり、進学したい学校の一つであった。また、保護者や地域からの信頼が厚い学校であったため、学校に対して好意的であり、かつ協力的であった。しかし、最近では、生徒の進学実績は低迷してきて、進学指導から生活指導に指導の重点がシフトしつつある状況にあった。

　進学指導に精通した多くの教員は他校に異動し、A校に異動してきた教員は、進学指導の経験はほとんどなく、いわゆる中堅校の経験者や新規採用者も多い。学校内では、学習指導に精通した教員は少数ではあるが、熱心に授業を行っている。しかし、学校として依然のような進学重視の教育を組織として維持できなくなってきている。また、異動してきた教員たちの多くは前例踏襲型であり、新しいことを試みることには、非常に消極的である。生徒は勉学を重視しない傾向になってきており、家庭学習の時間も少なくなってきている。こうしたことから、同窓会からも学校に対して不満が高まってきている。

　こうした中で、今年度、着任したB校長は何とかしなければと思い、教職員に以前のような進学校を目指した方向性を示しているが、なかなか動こうとはしない。そこで、B校長は着任3年目のC副校長に相談したが、「どうにかしなければならないのはわかっている。現実的には、今後、人事異動で進学指導に熱心な教員を計画的に配置していくしかない」との意見であり、現状ではどうしようもないとあきらめている様子である。しかし、B校長としては、すぐにA高校の改革に着手しなければならないと感じている。

■視点

　学校を変えていくには、校長が学校経営計画で、高い理想をあげることも必要な場合があるが、A高校の場合、着実に進学指導への方向に進ませるのは、現実的な目標値の設置が必要である。理想は高すぎ、あまりに現実とかけ離れていたら、モラールが高くない教職員には高い理想に向かっていくことを望めないからである。そこで、教職員から見て、努力をすれば達成できる現実的な目標値を、更に少し上げた目標値に設定することである。少し

背伸びをすることが、改善につながる。ここがポイントである。達成できたら、次の段階へと進む。毎年、毎年数値を上げていく継続性が必要である。

■解決策
①組織的対応
　A高校においては、進学実績を上げることを目標にあげる。以前のような学校にすぐにするのは無理がある。教職員に生徒のためになることについて、機会を捉えて理解させ、達成可能な目標値を設定し、組織の目標に向かい、教職員が一丸となって、次のようなことに取り組むことが効果的である。
　ア　授業改善や学校全体で他教科の連携がとれた指導体制を整備する。
　イ　講習や補習の内容の工夫と開講数を増やす。
　ウ　様々な学校へ進学した卒業生の講演会を設定する。
　これらのことを実行させるためには、教務部や進路指導部が連携をとり、組織として、案を作成し、企画調整会議で具体的な方策の検討と分掌間の調整を図る。また、職員会議等で周知徹底を図り、全教職員が共通認識を持って、組織全体で取り組む意識付けをすることが必要である。
②教職員の意識改革
　ア　分掌を超えたプロジェクト・チームを設置し、どのような教育活動により学校が向上していくかを、ボトム・アップにより検討させる。
　イ　目標値の設定は、現在の生徒の現状を分析し、センター試験における生徒の得点や難関校への合格数などの具体的な数値を明確にする。
　ウ　進学実績で伸びている学校を参考にして、伸びた原因を分析し、A高校で行える策を練る。
　エ　実際には、校長の方針に賛成している教職員もいるはずである。そういった教職員を少しずつ多くしていく。
　オ　進学重視といっても、現在の状況から生活指導にも重点を置くことになる。そのため、進路指導と生活指導が連携して取り組む。
③評価の活用
　ア　客観的な判断が組織には必要である。生徒・保護者・地域・同窓会のマイナス評価ついては、学校として教育力を高めていくという視点から、対応可能なことには応じていく。

イ　日ごろ、保護者・地域と情報交換を行い、良好なコミュニケーションを行う。特に学校にとって、評判を落とすようなことでも学校だけでは対処できないものについては、積極的に情報提供し、保護者や地域の協力を得られるようにする。
　ウ　マイナスの評価は、学校への期待でもあることを教員に理解させる。

■アドバイス
　他人からマイナス評価をされることは、誰しもあまりいい気持ちはしないであろう。教職員も同じであり、自分が勤務する学校へのマイナス評価については反論もあるであろう。しかし、外部の人々が、仮に学校の事情を聞いても評価は変わらないであろう。学校には高い期待を込めているので、様々な評価があることを教職員にわからせる必要がある。また、外部からは「こう思われている」と認識させるとともに、マイナス評価をプラス評価にすることが学校をよりよくすることであると理解させ、変えることへの意欲を持たせることが重要である。
　また、評価の項目であるが、毎年同じものでは評価が同一な結果になり、活用せず、ただ手続き上行っているような状況になる可能性がある。毎年変化する評価についてはよいが、ある程度達成できた項目については、見直したり、新たな視点を取り入れ、別の視点からの評価項目が必要となる。

■国の動き
文部科学省
確かな学力
○教育課程実施状況調査
　高校3年生を対象に4教科7科目で実施（平成14年度）

事例解決策4　授業改善から学校改革へ

事例

　A高校は新設の普通科高校であるが、開校から1、2年間はある程度の学力がある生徒が入学してきた。しかし、3年経つと、前と比べて学力が落ちてきている生徒が入学するようになってきている。また、生徒たちの評判では、A高校は服装や頭髪についてうるさくなく、自由な雰囲気があり、文化祭が充実しているとのことである。最近では、教員たちは日々の生活指導の対応に追われてきている状況になってきている。
　現在は、入学選抜の倍率は、応募数が募集数より、やや上回っている。このままでは、いずれ入学選抜で募集数を下回った応募数になってしまうという危機感が数名の教員にはあるが、大多数の教員は日々の対応に追われ、今後の見通しという余裕はない。
　このような状況の中、B校長は生活指導をしていくとともに、勉強をすることの魅力を生徒に教えなければ学校がよくなっていかないと考えた。そこで、副校長と主幹に「生徒にとって魅力ある授業にするためには、授業の改善をしていくことが重要である。そのため、授業改善をしていくための案を検討するように」と指示をした。副校長や主幹は、教員たちがきめ細かく熱心に時間をかけて生活指導を行っており、また、部活動においても熱心に指導しているため、これ以上の負担はかけられないと思っていた。そのため授業改善の検討といっても学期1回の校内研修や研修受講の確保の消極的な案となってしまった。
　案の報告を受けたB校長は、このような案では学校を変えていくことはできないと考え、企画調整会議や職員会議で教員から意見を聞いた。教員たちは、教材研究をする時間はなく、生徒指導や部活動の指導で手一杯であり、他のことをする余裕はないとの意見が多かった。しかし、B校長は、「教員のとき、生活指導が大変な学校で、生徒が興味を持てるような授業を組織的に行い、学校全体がよくなってきた経験がある」と自分の経験した話をしたが、教員は無反応である。B校長は、何としても、授業改善を中心に、生徒や保護者から魅力ある学校に変えていきたいと思っている。

■視点
　A高校では、教員は日々起こる出来事への対応に追われることが多く、

また、様々な学校行事の実施や部活動に時間を取られてしまう。そのため、授業のまで手が回らない状況であるということかもしれない。しかし、授業は重要な教育活動である。手が回らないからできないということになると、学校の中心部分を放棄してしまうということになる。このような状況にあるからこそ、教職員が一丸となって、学校を改革していかなければならないのである。

授業改善に役立つものとしては、生徒による授業評価がある。この授業評価は、生徒に授業の進め方等について、意見を聞くことであり、生徒の意見に基づき、授業改善のための資料として分析し、校内研修等で改善策を検討し、授業改善に結びつけるサイクルである。このことを繰り返すことにより、教員全体の授業力の向上が行えるということである。

また、生徒自身も自らの姿勢について自己評価をすることも含まれている。自己評価をすることにより、自ら学ぼうとする主体的な姿勢の育成をすることができる。授業評価は教員のみだけではなく、生徒にも影響を与えるものである。

この授業評価は各学校で行っているのが現状である。これを形式的に位置づけるのではなく、授業は学校の教員活動の中心と意識させ、活用していくことがポイントとなる。

■改善策

授業評価の活用を中心とした、改善策を検討する。

1　Plan（計画）

校長として、学校をどのようにしていきたいのか明確に示すことが必要である。明確でなければ、教職員は抽象的な目標を示され、何をすべきなのかわからない。明確にして、教職員に理解させ、納得させることが重要である。生徒の授業評価情報を基にして、外部情報を収集・分析して計画を策定する。具体的には次のようになる。

①生徒による授業評価の分析・活用学校外への研修参加の促進
②他校の授業参観等学校外への研修参加の促進と学校外情報の分析、教員の計画的な校内研修の実施
③生徒が希望する進路にあった教育課程編成の検討

なお、検討委員会を立ち上げ、立案に参画させていくことも教員の意識付

けとして効果的である。
2　Do（実行）
　①短期、中期の進行管理表を作成するとともに、主幹を中心とした進行管理を行う。その際、書式を決め担当者、達成しなければならない数値を記入して、だれが、いつまでに何をやるのかを明確に定めることが必要である。
　②校内研修として、授業公開を活用して、研究協議会を開催する。
　③学校の情報を保護者や地域社会にわかりやすい資料として作成し、積極的に発信する。
　④学校に実際来校してもらいPRするためには、学校行事を活用する。
　⑤教員の意識を高めるため、校内研修会に外部講師を招く。
3　Check（評価）
　生徒による授業評価結果等の活用であるが、現状を十分に把握して、分析し、評価により更に授業改善させる内容にする必要がある。そのため、アンケートの項目や内容を検討することが重要である。また、生徒の要望が率直に出せるように自由意見欄も設ける。
　これらの評価結果だけではなく、今後どのように対応していくかについても、公開していくことが重要であることから、それらのデータを集計したら、校内研修等においてその都度分析し、課題と具体的な改善策を練ることが重要である。
4　Action（改善）
　具体的な改善プランを期間ごと（短期でできるもの、中・長期にわたるもの等）作成して実行する必要がある。管理職は、積極的に他校の先進的な事例を紹介するなど、教員のモラール・アップを図ることが重要である。
　このように学校としての取り組みが、学校の改革につながっていく。

■参考資料
東京都教育委員会「いい授業しようよ」
生徒による授業評価開発委員会報告（平成16年1月）

事例解決策5　体罰がある学校

事例

　A小学校には、様々な問題がある児童が多く在学し、B校長をはじめ教職員は、日々起こる問題を解決しながら、児童の指導に努力している。しかし、なかなか成果が上がらず、児童の問題解決にはつながっていない。

　授業中、C教諭は指導に従わず反抗的な態度をとったD児に対し、頭部を右手のひらで2回叩くという体罰を加えた。C教諭は、真剣にD児を指導していたので、指導の一環としての認識であった。

　しかし、翌日からD児は欠席するようになった。その間、D児の保護者からは苦情が寄せられていたが、C教諭はB校長やE副校長には話さなかった。E副校長からD児のことを聞かれたときには、原因についてはわからないと報告をしていた。G養護教諭は児童の間で話題になっているのは知っていたが、事実関係を把握していなかったため、あえてB校長やE副校長に報告はしなかった。となりのクラスの担任H教諭も話題になっているのは知っていたが、そのくらいのことで学校にこなくならないのではないか別に原因があると思い、報告はしなかった。

　C教諭は対応策を講じることなく、そのまま放置し、今年度の1学期末頃になってはじめてB校長及びE副校長に報告した。B校長は保護者に連絡するように、E副校長に指示したが、教育委員会に保護者が相談したため、教育委員会から問い合わせの電話がかかってきた。B校長はE副校長とC教諭にD児の保護者にすぐに連絡をとり、学校に来てもらうように指示をした。この段になって、G養護教諭から、E副校長に児童から以前C教諭の体罰をD児が受けたらしいとの報告がなされた。

■視点

　学校教育法第11条では「校長及び教員は、教育上必要があると認めるときは、文部科学大臣の定めるところにより、児童、生徒及び学生に懲戒を加えることができる。ただし、体罰を加えることはできない」と体罰の禁止を定めている。しかし、現実には、児童・生徒等に対して体罰をしてしまう教員がいて、体罰事故が、なかなかなくならない。

体罰というと、大人の中にはいい思い出として記憶に残っている人々もいるが、現実問題として体罰により児童・生徒等に与える精神的なダメージが大きい。教師自身は、体罰という手段を使用しないで、適正に指導しなければならない。体罰は、「指導力の限界」である。
　また、保護者との信頼関係ができていて、ある程度「体罰」を是認している教師は、指導がうまくいかないとき突発的に体罰を行ってしまうことになる。この「体罰」により、児童・生徒や保護者の信頼関係を損なうとともに、学校全体が信用を失うことになる。
　今後、学校においては、個々の教員の指導力の向上を図り、体罰による指導をなくしていくことが重要である。

■解決策
　C教諭は体罰として認識していないこと、不適切な指導法により、児童の心を傷付けてしまったことに問題がある。そのため、次のようなことに早急に取り組む必要がある。
1　C教諭への指導
　①B校長はC教諭に、体罰は絶対に許されないこと、体罰を人権の問題としてとらえ、人権尊重の認識を徹底して指導する。
　②体罰に至った状況では、児童をどのように指導をすればよいか、C教諭に具体的指導を行い、指導法の改善をさせる。
　③C教諭は、懲戒処分の対象になること、被害が発生すれば、その損害を賠償する責任、暴行罪や傷害罪等に問われる場合もあることを指導する。
2　教職員全体への意識付け
　A小学校では、C教諭だけではなく、他の教諭も児童への体罰の認識が不足していることが推測される。
　B校長やE副校長は、早急に職員会議や校内研修等で体罰の根絶や人権尊重の意識付けを行うことが必要である。
3　報告体制の改善
　体罰行為が校長に報告されるまでにかなりの時間がかかっていることから、校長や副校長と教員の円滑な情報伝達がなされていない状況になっている。

このことから、情報伝達が機能する組織体制をつくることが必要である。
　具体的には、全教職員は常にアンテナをはって、児童・生徒、保護者、地域の人々からの学校に関する情報（何気ない日常会話も含む）について、軽重にかかわらず、管理職に伝わるようなシステムにする。
　具体的には、情報があった場合、各教員は教務や学年等の各分掌の主幹や主任に定期的な会議だけではなく随時報告をするようにし、そこから管理職に報告するようにする。

事例解決策6　教師による交通事故が起きた学校

事例

　A小学校に勤務するB教諭は、出勤のため自家用車を運転していたが、通学をしている徒歩の高校生に気が付かず、左折をしたため高校生に接触し、転倒させてしまった。大したことはないと思ったが、念のため、近くにいた人に救急車の要請をお願いした。高校生に対し応急救護措置を行い、警察にも連絡した。高校生は救急車で病院へ運ばれ、全治1週間のけがであった。

　A教諭は、警察の現場検証が終了すると、A小学校の始業の時間に間に合うため、病院へは勤務の途中に休暇を取って行くことにし、A小学校へ行った。朝会において、C校長から昨日、教育委員会から情報提供のあった教員の自動車事故について、教職員全員に対し、注意喚起があった。朝会が終了すると、B教諭からC校長及びD副校長へ今朝起こしてしまった自動車事故について報告した。C校長及びD副校長はびっくりして、すぐに病院へ行くように指示したが、B教諭は「高校生のけがは警察官から全治1週間と聞いており、1時限の授業が終わったら行くつもりである」と言った。しかし、C校長及びD副校長は高校生にけがを負わせてしまったという重大なことであることをB教諭に認識させ、病院に向かわせた。

　病院へ到着すると、B教諭は、高校生と保護者に謝罪したが、保護者から「なぜ、すぐに病院へこなかったのか」「教員としてどのように考えているのか」と言われた。

■視点

　教員が交通事故を起こし、処分されると新聞報道されている。教員として、交通事故はあってはならないことであり、社会的な影響は大きい。

　交通事故を起こしたときの法的問題は次のようになる。

①勤務時間の内外を問わず、刑事上の責任、民事上の責任、行政上の責任を問われることになる。

②地方公共団体が設置する学校の教員は、地方公務員であるため、公務員の信用失墜行為として懲戒処分の対象となる。

③刑事上の責任として、禁錮以上の刑に処せられたとき、教育職員免許状は

その効力を失うことになり（教育職員免許法第10条第1項第1号）、このことにより、失職することになる（教育職員免許法第3条）。

こうしたことから、通勤時における自動車利用は、真にやむを得ない事情がある場合に限られることになる。東京都においては、職員には、通勤手段として合理的な交通機関や交通用具を利用することが求められているが、「職員の自動車利用自主規制等実施要領」では、次のようになっている。

①職員は原則として自動車による通勤は行わない。
②例外の場合を除き、都庁舎（事業所、学校を含む）構内の駐車を禁止する。
③職員は通勤以外の場合も一市民として自動車の使用を自粛する等について定めている。

教員は教育者として児童・生徒に対し交通安全を指導する立場である。児童・生徒の模範となるよう自らが交通規則を遵守した運転が求められる。新聞報道において、教員の飲酒運転で交通事故を起こした場合、当たり前のことであるが、処分はより重いものが報じられている。この飲酒運転による事故には、公務員には厳しい処分が科せられており、酒酔い又は酒気帯び運転で人にけがをさせた場合、教職員は、当然、厳しい処分になる。

また、学校において、自動車通勤ということになると、次のような問題が生じることになる。

①通勤届では、公共交通機関を通勤手段としていながら、自動車により通勤していることは絶対に認められない。このことは通勤手当の不正受給を問われる服務事故になる。
②許可なく学校内に駐車した場合は、公有地の不正使用も問われることとなる。住民からしてみれば、駐車場を確保するため、賃料を払っているのに、教職員はなぜ無料なのかということである。

■解決策
1　事故対応
　①校長・副校長（教頭）は事実関係を正確に把握する。
　②被害者に対して誠意を持って対応するように指導する。
　③加害者である教員には事故対応で時間が必要となることから、教育活動においては、学校全体で組織的に補うよう体制作りを行う。

④教員が担任する児童・生徒や保護者への対応が必要になる。
　⑤教育委員会との緊密な連携
2　予防対応
　①教職員に対し、普段から事故情報の提供を行い、意識付けを行う。
　②定期的に教職員に対し、校内研修を行う。
　③飲酒運転については、絶対に許されることではないことを全教職員に意識付ける。
3　自動車通勤許可の見直し
　自校での自動車通勤を他の教員についても見直す。地方公共団体での扱いは多少異なるが、客観的な証明書等（診断書等）により、真に必要かどうか検討することが必要である。

■アドバイス
　学校において、自動車通勤は基本的には認められないことを教職員全体に周知・徹底するのは、現在当たり前のことになっている。しかし、学校自体が必ずしも便の良い所にあることもなく、勤務場所と住居の関係プラス特殊事情ということになるので、教員の中には理解しにくい人もでてくると考えられる。
　自動車通勤は例外中の例外という意識を持たせるには、校長・副校長が社会の動きや考えを日々学校内に情報提供していくことが必要である。このような地道なことが、従来から行われていることを変更するための下地になるのであろう。

事例解決策7　校長の学校改革に対し教員全体が消極的な学校

事例

　A高校は、入学希望者も安定した倍率があり、生徒の問題行動もあまりなく全教職員は自分たちの教育に誇りを持っていた。

　今年度赴任してきたB校長は、進学に関する資料を読んでいて、ここ数年、徐々に生徒が第一希望とする大学への進学率が下がってきているのではないかと思いC副校長に調べさせた。C副校長はB校長に校長が推測したとおりであることを報告した。B校長はこのような場合、ボトム・アップがよいと考え、すぐにC副校長に指示して、企画調整会議で、この原因がどこにあるのかを分析させた。数週間後、最大の原因は、「問題行動や極端な学力低下もないため、従来どおりの教育を行ってきたことである」との報告があった。

　そこでB校長は、学校を変えるきっかけとするため、学校の特色化を図ることが必要であると考え、次年度の学校経営計画に取り入れようとしたが、今年度からできることには、手をつけようと考え、再び企画調整会議へ特色化への取り組み案の作成を指示した。企画調整会議では校内の各分掌から意見を聞くようにしたが、C副校長及びD主幹は、その前に共通意識を持たせるように、現在のA高校の状況を数字によりグラフ等を使用し、ビジュアルに訴える資料を作成し、説明した。

　しかし、各分掌の教員たちは、危機感を持たず、副校長と一部の教員が新たな方策を実施しようとすると、消極的な態度で学校を改革する意欲がみられなかった。B校長はこのままでは、改革は進まないと考え、改革に成功した学校の教員に校内研修の講師を依頼した。改革をしてどのように生徒が変わってきたかということを教員に実例をとおして、理解させようとした。また、教育委員会に相談をして、全国の資料をもらうことにした。

　B校長は、中堅校で差し迫った課題がないと思い込んでいる教員たちの意識改革こそ、本校の課題であると考えた。様々な意識改革を行ってきた結果、少人数は積極的になってきたが、まだ大半は今までうまくいっているのに、なぜ学校の特色化を行わなければならないのか疑問に思っている。

■視点
　学校の特色化を行うということは、学校改革を推進していくことであるが、現在ある学校を更によくしていこうとすることに他ならない。学校改革を行うということにより、今までの学校の教育を見直すとともに、生徒、保護者、都民のニーズや期待に応える特色ある教育活動をすることである。
　現在、学校の組織的な経営ができるようにするため、主幹制度や人事考課制度の導入、学校経営の適正化の通知により、校長のリーダーシップの下で学校経営を進めることができる条件整備はなされている。校長は経営計画で改革の方向性や目標数値を決めることはできるが、教員一人一人が組織として、同じ方向を向くことがない限りは、組織として成果を上げることは困難である。教員一人一人が組織の一員として、経営計画の実施に向けて学校を変革していくことが重要である。

■解決策
　B校長は早急に生徒の進学希望を実現し、多くの中学生や保護者から入学した学校づくりのため次の対策をとることが必要である。
1　計画の明確化と意識付け
　校長が策定した経営計画をどのようにして実現していくかについては、教員全体で取り組まなければ、実現が困難である。これまで校長からの指示で、一部の教員が関わっていたものを、全員が関わるようにして、参画意識を持たせることが重要である。そのため次のような段階を踏むことが必要である。
　①プロジェクト・チームを設置し、各分掌・教科にとらわれず、さらに、中期的視点に立って案を検討させる。
　②①で策定した案を各分掌で更に具体化させる。
　③①、②の案を校長決定後、自己申告において、更に取り組むべき事項を具体化させる。
2　具体的な改善策
　学校の特色化を図っていくためには、次のような具体的な取り組み方法がある。
　①特色ある教育課程の工夫
　②授業改善

③土日、放課後の補習
　④行事の工夫
　学校において様々な条件があるが、実現可能なことを実施していくことが大切である。
3　外部からの支援
　①同窓会からの社会人を講師とする、キャリア教育の充実を図る。
　②教育委員会からの指導主事派遣（他校や他県の実践例や状況の情報提供）
　学校内で努力するのは、当然のことであるが、外部の協力を得ることでさらに向上することができる。

■アドバイス
　学校において、特に問題が顕在化していない、いわゆる中堅校といわれているところでは、定型的な教育活動が行いやすくなる。このことは組織においては、非常に危険なことである。組織が伸びなくなる。企業であれば業績に直結するが、学校となると成果がわかりにくい。そこで、校長は教員への意識付けを行うことが必要である。
　教員は教育の専門家であり、生徒が伸びていくことを心から望んでいる。校長は教員の意識付けを会議や校内研修で行っていく必要がある。教職員全員をいっぺんにというのは無理である。少しずつ人数を増やしていくことが現実的である。その際、校務分掌組織やプロジェクト・チームの設置をして教員一人一人に参画意識を持たせていくことが効果的である。

事例解決策8　組織的な取り組みが課題である学校

事例

　今年度、B校長はA学校に着任した。B校長は、前の学校の副校長のとき、校長に命じられて児童（生徒）の個人情報保護について、適正に管理できるよう校内全員で取り組んで、情報管理を行ってきた。着任早々2年前からいるC副校長に個人情報の保護についての取り組みを聞いたところ、「教育委員会からの通知があると、朝の打ち合わせか、職員会議で周知してきた。今まで個人情報の紛失事故はないので、管理方法には問題はない」とのことであった。B校長は最近、個人情報の紛失事故が多くなっているので、校内での個人情報の管理について、一度調べて、報告するように指示を出し、方法についてはC副校長に任せた。C副校長は必要ないのではないかと、内心思っていたが、D主幹を呼び、校長からの指示を伝え対策案について打ち合わせを行い、案を作成し、校長に見せた。しかし、対策案が不十分なため、校長は企画調整会議の議題として、意見を聞くようにした。
　企画調整会議では、反対意見が多かった。「今の忙しい時期になんでやらなければならないのか」「紛失事故が起こっていないのは、適切な管理が行われているからではないか」特に意見として多かったのは、「それぞれの教員が自覚を持って個人情報の管理をしているので、それでよいではないか」ということであった。C副校長はB校長に「このままでは、教員は納得しないので、一度教員が個々に点検を行うということでどうか」と提案した。
　B校長はここで自分の考えを押し通して、無理に教員に実施させても効果はないと考え、C副校長の提案を受け入れた。数日後、職員会議で期間を定め、各自で個々の情報管理について、点検するよう指示を出した。しかし、B校長は、校長としてこのような対応でよいのか、疑問に思っている。

■視点
　学校において、児童・生徒の個人情報の保護は重要な課題である。児童・生徒及び保護者は、学校が個人情報について安全に管理をしてくれて、そのことは当たり前であり、信頼をしている。このことから、もし個人情報の紛

失が起これば、教員個人や校長だけではなく、学校全体の信用がなくなってしまうことになる。

　また、最近では紙よりも電子記録媒体の紛失事故が目立つようになってきている。紙情報よりも情報量が多く、写真の保存ができるため、便利であるが、紛失してしまうと被害が大きくなってしまう。

■解決策
　A学校において、問題は教員が個々に点検を行うということであり、組織的な取組がなされていないということである。個人情報を保護していくためには、次のような対策を組織的に行うことが必要となる。
1　学校内の情報を各分掌により、把握し、整理する。
　①個人情報を含んだ情報について、すべて把握する。このすべてというのは、公費購入だけではなく、個人の記録媒体に含まれた情報も対象にする。
　②保存年限を確認して、保存年限以上の情報は、手続きに則り、廃棄する。
　③個人情報のプライバシーの程度により、分類をする。
2　個人情報管理の適正化
　①分類した個人情報を集中的に管理する。管理している保管庫から持ち出す場合には、校長や副校長から許可を受けるなどの一定のルール化を図る。
　②個人情報を管理する保管庫には鍵をかけておく。
　③記録媒体を使用する場合には、暗証番号によるセキュリティ対策や目立つようにプレート等を付けておく。
3　個人情報の活用の適正化
　①個人情報関係の事務を行う場合には、職員室内等の一定の場所で行う。
　②学校外へ持ち出す場合には、持ち出し期限や理由を明確にして、校長や副校長の許可を必要とする。その際、電子記録媒体では、暗証番号によるセキュリティ対策を条件とする。
　③個人情報を紛失した場合の迅速な報告手続きを作成する。

■アドバイス

　個人情報保護については、以上のような組織的な取り組みが不可欠であるが、また、教員個人の意識が重要なポイントになる。本事例においては、B校長及びC副校長は管理職としての自覚に欠けていると言っても過言ではない。つまり、教員が絶えず、管理職と同じ意識を持っているとは限らない。教員に適切な意識付けを行うことにより、組織的な対応が可能となる。そのため、B校長はまずC副校長に個人情報保護の重要さを意識付けるとともに、教員全員に意識付けることが重要である。

　意識付けには、電子記録媒体の情報がコンピュータにより加工されることがあることの情報提供を行うとともに、紛失については誰でもが可能性があることを認識させる。その際、身近に感じさせるため、学校種別の事例などを示すとよい。校長や副校長は、ただ単に事例を読み上げるだけではなく、自分の言葉で情報提供をすることが教職員への意識付けに効果がある。

■文部科学省関係
情報の漏えい等の防止についての関連情報
〇情報漏えい防止の徹底について（通知）平成18年9月14日18文科政第53号
〇学校における個人情報の持出し等による漏えい等の防止について（通知）平成18年4月21日18文科総第9号
〇個人情報の持出し等による漏えい等の防止について（通知）平成18年4月21日18文科総第8号

第1章 ● 学校経営

事例解決策9　危機管理が十分でない学校

事例

　A小学校において、6年生の男子児童が下校時に行方不明になった。6年生の男子児童の保護者が帰宅してみると、男子児童が学校から帰っていないとの連絡が担任にあった。普段は近所の友人と下校しているが、この日は委員会活動が長引き、一人で帰ったようである。いつも一緒に下校している友人に普段とは変わったことはなかったか、下校時に不審な人や自動車はいなかったかなど電話連絡をして聞いたところ、学校で「家庭で保護者に怒られて、帰りたくない」と話をしていたことがわかった。

　以前にも下校時に電車を見るため駅に行き、帰りが遅くなってしまったことがあったため、担任のB教諭は、すぐに「行方不明になった6年生の男子は、電車が好きである」ということが頭に浮かんだ。学年の教員に連絡して、協力して学校付近や最寄りの電車の駅周辺を捜したが、見つけることはできなかった。もう少したったら帰宅するのではというような思いもあった。

　B教諭は副校長に、保護者から電話連絡があった30分後に、連絡をとった。この日、校長は別の児童の件で他の担任と病院へ行き、副校長は緊急の打ち合わせがあるということで出張をしていた。副校長はB教諭に、すぐに警察に児童の保護を依頼するよう指示をするとともに、教職員全員で手分けをして捜索をするように指示をした。また、教育委員会の関係部署へ連絡をした。午後6時になっても、帰ってこなかったため、教職員全員での捜索は打ち切り、連絡を待つことにした。

　その後、学校の最寄りの駅から、10駅目の駅で無事保護されていたとの電話連絡があった。校長の指示で、保護者と戻ってきた副校長と担任で現地に向かった。

■視点

　本事例では担任の教員と学年の教員に危機管理意識がなく、対応措置としては適切であるとは言えない。

　本事例は小学校の例であるが、特別支援学校では年間50件程の行方不明の事故報告があり、学校内からいなくなることや校外学習中の行方不明など、学校管理下においては半数になる。こうしたことから、特別支援学校の

教員は行方不明になった児童・生徒に対して、どのようにすればよいか、組織的な対応がなされていることが多い。また、このような行方不明を予防するため、一人一人の状況や実態などについて、教職員の共通理解を図っている。

特別支援学校以外の学校においても、児童・生徒の行方不明はいつ起こるかわからない。学校における予防対策としては、教職員一人一人が「行方不明の可能性は常にある」という意識が必要である。

また、教職員全員が児童・生徒状況を把握することが大切である。日ごろの授業での児童・生徒の態度の変化を見のがさず、かつ自己コントロールができるように指導するとともに、例えば、担任の児童・生徒だけではなく、様子がおかしい児童・生徒に対し、声かけを行い、特に下校時や休み時間に児童・生徒が一人でいる場合は、話しかけるなど適切に対処することが必要である。

■対応
本事例には、緊急的な組織としての対応、中期的には教職員の意識付けと緊急事態への対応能力の育成、児童・生徒への日々の指導と家庭地域との連携を行うことが必要である。

1　緊急対応、短期的な対応
（1）管理職の強いリーダーシップにより、教職員に捜索や関係機関等への連絡を担当させ、組織的な体制をつくることが必要になる。そのため校長や副校長に迅速に報告する。
（2）適切な指示や判断ができるようにするため、絶えず校長・副校長に情報が集中するようにする。
（3）管理職に情報が集中するように、情報の流れのマニュアルやチェックリストを作成する。
（4）（3）で作成したマニュアルやチェックリストの活用により、着実に対応していく。

2　中期的な対応
（1）教員の意識改革
普段から危機管理事例を教員へ情報提供して、危機管理の意識を持たせることが重要である。また、校内研修において、事故が起こった場合を想定し

て、作成したマニュアルを基にシミュレーションし、また、話し合うことにより、危機に対する対応能力を育成していくことも重要である。

3　児童・生徒への指導

担任教諭が普段から児童・生徒の行動を自分でコントロールできるように日々、出来事をとらえて指導をする。

(1)　授業における児童・生徒対にする状況把握

小学校では学級担任制で児童の状況を把握しやすいが、中学校・高校では教科担任制による授業中のみのかかわりで、生徒の状況といっても把握しにくいことはある。そのため、普段からの授業態度や話し方から情報を収集する。おかしいと感じたら、後の授業の教員と連携し、学級担任等へ情報提供する。

(2)　授業時間以外での児童・生徒への状況把握

一人で下校したり、深刻な表情であったりしたら、声かけをしたり、学級担任へ報告をする。

(3)　個別面談による指導

無断で学校外に出る等やってはいけないことの理解を促すため、低学年には図等を工夫して、分かりやすく繰り返し指導することが大切である。

(4)　家庭や地域との連絡体制の確立

家庭で児童・生徒の様子がおかしいときや、心配なときには学校と連絡を取りあうようにする。連携を取ることにより状況が把握でき、適切な指導をすることができる。また、普段から地域からの情報提供等の協力を得られるようにしておくことも重要である。

■アドバイス

教員が絶えず危機意識を持つことは非常に難しいことである。自分は、大丈夫であると思っている教員がいるのも事実である。身の回りに何か起こるかもしれないと思っている教員は危機管理の意識を持っているが、自分には起こらないと思い込んでいる教員には意識付けをしにくい。そういう教員には、どういう対策をしているか、一つ一つ聞き取り、対策が不十分な場合には、事故が起きてしまう恐れがあると指摘するのが効果的である。そのためには、校長・副校長は他校で起こった事故について詳細に原因を調べておく必要がある。

教育コラム

学校評議員制度について

【学校運営連絡協議会と学校評議員制度の関係】

本書で学校運営協議会の活用ということが、度々出てきているが、都立学校においては、「学校運営連絡協議会」を設置していて、学校教育法施行規則における「学校評議員」と同趣旨である。（省令に規定する学校評議員ではないが、これに類似する仕組みを既に設けている場合には、省令改正により、これを廃止又は改正する必要はない。（平成12年1月21日付、文教地第244号）

この学校評議員制度は、学校改革や学校経営に有効な制度であり、各学校においては、制度の有効活用が今後一層求められてくる。そのために、学校評議員制度の概要を把握する必要がある。

【学校評議員制度の概要】

1　法的根拠
　　学校教育法施行規則第49条（小学校の規定であるが、中学校、中等教育学校、高等学校、特別支援学校も同様である。）

2　目　　　的
　　学校・家庭・地域が連携協力しながら一体となって子どもの健やかな成長を担っていくため、地域に開かれた学校づくりをより一層推進する観点から、学校に学校評議員を置くことができる。
　　このことにより、学校や地域の実情に応じて、学校運営に関し、保護者や地域住民の意向を把握・反映しながらその協力を得るとともに、学校としての説明責任を果たしていくことができるようにする。

3　設　　　置
（1）学校評議員は、設置者の判断により学校に置くことができる。
（2）学校評議員は、校長の求めに応じ、校長が行う学校運営に関し、意見を述べることができる。
（3）学校評議員は、当該学校の職員以外で、教育に関する理解と識見のある者から校長の推薦により、学校の設置者が委嘱する。

3　学校評議員（類似制度を含む）の全国設置の状況（平成18年8月1日基準日）
　　2（1）にあるように設置者の定めるところにより、学校や地域の状況に応じて、柔軟な対応ができることが望ましいため、省令に学校評議員に関する基本的な事項を定めることとし、必置とするものではない。

　　国立学校　　　全ての学校
　　公立の学校　　80％以上

学校種別　幼稚園 35.5%
　　　　　小学校 88.2%
　　　　　中学校 88.5%
　　　　　高等学校で 92.4%
　　　　　特別支援学校 94.0%
　　　　　（調査当時　盲・聾・養護学校）

第2章

教職員

第2章　教職員

事例解決策1　初任者の育成が困難な学校（特別支援学校）

事例

　A知的障害特別支援学校は、小・中・高等部設置で、児童・生徒数は200余名である。4月に初任者7名を含め22名（全教職員の2割強）が異動してきた。

　年度当初、学校経営計画の中で「障害の特性に応じた指導の充実」と「職業教育の充実」を重点課題とし、企画調整会議で問題提起しているが、多くの教職員はあまり関心を示さず、校内研修も活性化が図れない状況である。

　当然、初任者研修についても、校内研修の内容・方法がマンネリ化し、週ごとの指導計画等で管理職が確認していないと、複数教員による小集団指導の指導形態に甘んじ、研究授業や授業参観が形骸化したり、授業一般の研修がないがしろになったりしている。

　このような状況において、特別支援学校の経験がまったくなく、特別支援学校教諭免許状を取得していない初任者が、一人一人の児童・生徒の障害の状態等に応じた適切な指導を行っていくことは、計画的な研修なしでは容易なことではない。

　今年度任用された初任者も、配属される学部・学年等によっては、校内での研修が不十分なため、力が身に付かず、保護者や同僚からの信頼を得られず、悩んだり、落ち込んだりする初任者がでてしまう可能性がある。

■視点

　勤務3年で異動する者、6年で異動する者など、教員の異動は従来にまして異動が早まり、その中で、着任年数が少なかったり、特別支援学校教諭免許状の保持者が数割程度で構成されていたりする学校もある。つまり、初任者だけでなく、全教員の児童・生徒の障害理解、指導技術の継承と向上が問題となっている。

　このことから、校内における初任者研修の在り方を早急に見直し、全教職員が関わって初任者育成計画を充実させるとともに、中堅教員やベテラン教員にも、各々の使命と役割を自覚させ、業務の中で専門性向上に視点を当てた校内研修体系を組織化し、持続的に教員の育成を図ることが学校経営上の

管理職のきわめて重要な課題である。

■解決策
（1）今、教員に求められているのは、自己啓発し、自己責任で専門性を高めていくことであり、教員自身が内在する目的意識を持続させ、研究・研修意欲の向上を図ることが重要である。

具体的には、全教員が研究授業を行い、授業力を高めていくこと、特に初任者や2・3年次の教員などには、年3回以上研究授業を行わせる体制をつくることが効果的である。そこで、障害の特性に応じた指導案を作成したり、実践・評価を行ったりして、授業力の向上を図っていく。

教員の専門性と校内研修の充実については、副校長の人材育成の職務の大きな柱でもある。主幹を活用しながら、OJT（校内研修）、OFFJT（校外での研修）、自己研修の3本柱の計画的な実施が大切である。

まず、教員の研修は、研究授業を通して自分の専門性を高めるために行わせる。そして、能力開発は自己責任であることを認識させ、教職員の意識の喚起を促していく。

自己責任感に乏しく、集団に甘えてしまう傾向が強い教員に対しては、キャリアプランの作成や面接などを通して、目的意識をもたせ、自己責任で専門性を高める長期的視点での育成計画を示すことが重要である。

さらに、主幹・主任等の職層、経験年数等に応じた教員の育成プラン（キャリアプラン）を立てるとともに、東京教師道場への推薦等により、各自の指導力の育成を図っていくことも重要である。こうした施策を展開していくには、企画力のある管理職や管理職候補者の人材育成が鍵となる。指導主事や教育専門家を招聘し、指導・助言を得ながら、一人一人の教員の能力開発を行うとともに、管理職も質の高い研修を企画できる知識・技量をもつことが必要である。

（2）次に重要な点は、課題への迅速な対応で、改革には校長の強力なリーダーシップの発揮が求められる。

校長は、国や都の教育改革等の今後の流れに注目し、改革の方向を教職員に明示し、教職員の経営参画の意識を高める必要がある。

次に、副校長のリーダーシップを発揮させ、主幹・主任の職務内容を決め

て、学校組織をライン化させ、権限と責任を明確にする。

さらに、法令・規則等を遵守させ、進行管理を行う。また、副校長・主幹等を育成し、教務部等各分掌の組織目標の設定・実践・評価を行う。

この盤石な組織体制を礎に、組織的・計画的な人材育成が根本的な解決策となる。

今後、ノーマライゼーションの推進の大きな潮流の中で、特別支援教育のセンター的機能の発揮や関係諸機関等とのネットワーク構築が求められる。言い換えれば、特別支援学校の全教員の専門性が期待されているということである。

特別支援教育についての高い専門性がある教員の育成に向け、各特別支援学校での大きな転換が期待される。

■アドバイス

初任者や異種間異動により、初めて特別支援学校に勤務する教員の育成については、短期間に、特別支援教育の基本的な考え方や基盤となる法令等についての理解を徹底することが大切である。また、いかなる校種においても不易である真摯な教育者としての態度や姿勢についても、教職経験を問わず、さまざまな場面で具体的に指導・助言していくことが大切である。

■国の指導等

中央教育審議会教員養成部会は、平成18年7月11日に「今後の教員養成・免許制度の在り方について」（答申）を取りまとめた。

今後、国民や社会から信頼される学校づくりを進めていくためには、学校教育の直接の担い手である教員に質の高い優れた人材を確保することが極めて重要であり、教員が国民や社会から尊敬と信頼を得られる存在となるため、大学の教職課程と教員免許状の在り方についての改革の方向を示した。

答申では、教職課程の質的水準の向上、「教職大学院」制度の創設、教員免許更新制の導入の3つの具体的方策が提言された。また、教職生活の全体を通じて、資質能力の向上を図る観点から、採用や現職研修、人事管理、教員評価の改善・充実などについても提言があった。

採用選考の改善・充実に関しては、今後、人物評価の一層の充実、教職課程の履修状況の適切な評価、採用スケジュール全体の早期化、受験年齢制限

の緩和・撤廃、民間企業経験者や退職教員の活用等、多様な人材の登用促進等が課題である。

現職研修の改善・充実に関しては、10年経験者研修の内容等の見直しが課題である。

人事管理の改善・充実に関しては、条件附採用制度の厳格な運用や、指導力不足教員に対する人事管理システムによる分限制度の厳格な適用の一層の推進が課題である。

教員評価の推進に関しては、一人一人の教員の能力や業績を適正に評価し、その結果を処遇に適切に反映していくことが課題である。

事例解決策2　セクシュアル・ハラスメントへの対応が必要な学校

事例

　A学校の教員の構成は、ベテラン教職員が中心になっている。各教員は、それぞれ授業や部活動の指導に熱心に取り組んでいる。B校長の学校経営の方針にも表だって反対する教員はいなく、校内研修にも積極的である。B校長は日ごろから、「学校に問題がないのは、教員構成が充実しているからだ」と言うのが口癖であった。

　女性のC教諭は新規採用としてA学校に今年度配属された。B校長はベテランの男性のD教諭を指導教員として、校内研修を進めさせていた。ある日、E副校長はC教諭から、D教諭の指導最中にプライベートなことを聞かれている。最初のうちは、指導されているので、聞かれたことには答えていたが、最近では、飲みに誘われることもあり、迷惑と感じながらも、指導教員であるために断れず困っているという相談があった。

　E副校長は、この程度のことであれば問題はなく、また大学を卒業したばかりで経験不足のための相談と思ったが、D教諭からそれとなく指導の状況を聞いた。D教諭は丁寧に時間をかけて指導をしていること、また指導だけでは息が詰まってしまうので、飲みに誘っているとのことであった。E副校長はD教諭に特に指導をしなかった。

　数日後行われた親睦会で、E副校長はD教諭がC教諭に「女性は早く結婚した方がよい」などと言っているのをたまたま聞いた。C教諭はだまって聞いていたが、E副校長には、かなりがまんをしているように見えた。C教諭に対して、D教諭がこのような言動をすることは、セクシュアル・ハラスメントにあたるのではないかとE副校長は考えた。また、日ごろ、D教諭が職員室で他の男性教諭たちに親睦会で耳にした会話を、話していることを思い出した。

　そこで、E副校長は、B校長に今までのことを報告し、D教諭に対しての個別指導と教職員全体への指導を行おうと考えた。

■視点

　学校において、校長・副校長は良好な職場環境を設定し、教職員が教育活動をしやすくしなければならない。セクシュアル・ハラスメントがなされる

ことにより、勤務環境が悪くなり、また、個々の職員が不利益を受けることになる。校長・副校長は、迅速に対応することが望まれる。また、教職員間だけではなく、児童・生徒との関係でも捉えることが重要である。

セクシュアル・ハラスメントというと個々の人により内容が様々になり、個々の事例で捉えていることが多い。都立学校においては、セクシュアル・ハラスメントの防止に関する要綱（平成11年7月1日付教人職第216号）では、次のように定義されている。
1　他の者を不快にさせる職場（通常勤務する場所のみならず職務を遂行するすべての場所をいう）における性的な言動
2　職員（都立学校に雇用されるすべての者をいう）が他の職員を不快にさせる職場外における性的な言動

ここでのポイントは言動を受ける者が不快に感じれば、言動を行った者がどのような意図であろうと、セクシュアル・ハラスメントになる。良好な人間関係ならば、何を言ってもセクシュアル・ハラスメントにはならないと言う人もいる。しかし、一方的に良好な人間関係だと思っていても、相手の人はそうでない場合もあるので、教職員への指導は、ここがポイントになる。

■解決策

C教諭の相談に対してD教諭を個別指導するとともに、セクシュアル・ハラスメントの予防のため教職員全体への周知・徹底を行う。

1　D教諭への対応

B校長はE副校長から報告を受けた後、再度C教諭及びD教諭から事情を聞き取り、次の対応を行うことが必要である。

C教諭はD教諭の言動について、セクシュアル・ハラスメントと捉えているかどうかの確認を行う。その際、役割分担して校長が聞き取りを行い、副校長が記録を行う。

（1）セクシュアル・ハラスメントと捉えている場合
①服務事故として教育委員会に報告する。
②教育委員会と連絡を密にし、指示に従う。
③同時にD教諭に指導を行う。

（2）C教諭がセクシュアル・ハラスメントと捉えてはいない場合
校長・副校長は、学校内でC教諭が不利益を受けることがないように十

分配慮し、次の事項を行う。
　①Ｃ教諭の指導教諭を他の教諭に代える。
　②同時にＤ教諭に指導を行う。
２　教職員全体への周知徹底
　学校において、校長・副校長は、教職員、また児童・生徒を不快にさせる性的な言動のセクシュアル・ハラスメントを、次の対策を行って防ぐことが必要である。
　①職員会議や校内で服務研修を行う。
　②日常的に教職員の会話等でセクシュアル・ハラスメントに当たる可能性があれば、その都度指導する。
　③マスコミ報道や教育委員会からの情報があったら、教職員に朝の打ち合わせを利用して、アップ・トゥ・デイトに情報を提供し、意識を高める。

■国の取組状況
　職場におけるセクシュアル・ハラスメントの事例としては、「人事院規則（平成10年11月13日）の運用について（通知）」では、「セクシュアル・ハラスメントになり得る言動」のうち、次のように例示している。
①性別により差別しようとする意識等に基づくもの―性的な内容の発言関係の例として「スリーサイズを聞くなど身体的特徴を話題にすること」
②性別により差別しようとする意識等に基づくもの―「男のくせに根性がない」「女には仕事をまかせられない」

事例解決策3　業務遂行のチェック体制が不十分な学校

事例

　A高校は、中堅校であるが、例年生徒の中途退学者や、原級留置者が多かった。このため、保護者や地域からの信頼回復のために、校長のリーダーシップの下、教育課程や生徒指導体制の見直しを図り、各主幹が分掌を取りまとめ、企画調整会議をそれなりに機能させている学校である。ところが、中途退学した生徒への学年積立金返金処理が２年間にわたり行われていなかったという事故が発生した。この事故は、退学した生徒の保護者からの問い合わせで発覚したものである。担当経営企画室職員が教員との人間関係の中で、自分一人で学年積立金処理業務を抱え込み、学年担任の教員も経営企画室任せにしていたという事実が報告された。

■視点

　本事例での問題点は、保護者からの問い合わせがあるまで学校内の誰一人として、学年積立金返金未処理に気が付かなかった点である。担当者の責任を追及することだけでは再発防止にはつながらない。学年担任の教員が学年積立金会計処理を経営企画室の担当職員任せにしていたこと、副校長が私費会計処理のチェックを的確に行っていなかったこと、経営企画室長が年度末における会計処理の確認を怠っていたことが考えられる。

　そして、日常的な教員と経営企画室職員との連携がなかったことも大きく、副校長と経営企画室長がそのパイプの役割を果たしていなかったことも考えられる。連携は分担と補完、確認やチェックといった機能がなければならない。行政職員よりも教員は人間関係で仕事をする場合が多く見受けられることがある。

　さらに、個人とのつながりや人間関係を重視して学校経営を行っている教育管理職も見受けられることがある。人間関係は大事であるが、本来は、仕事を通して人間関係をつくっていくものであり、人間関係をつくってから仕事をするものではないということをここで再確認する必要がある。その上で、業務遂行のチェック体制を機能させるマネジメント・サイクルが必要となる。

■解決策
①予算計画
　(Plan)学年積立金については、学年の初め、実際には前年度末に保護者の経済負担を考慮した上で年間の執行計画を学年の会計担当の教員が立案し、学年主任に報告する。
　(Check)予算計画は会計担当の教員が起案し、学年主任(主幹)と経営企画室の担当職員に副校長及び経営企画室課(室)長に説明させる。校長の経営計画に基づいた学年としての目標達成のための計画となっているかという視点でのチェックは経営企画室の担当職員ではなく、学年主任、副校長でなければできない。教科からの要望や遠距離への校外学習の計画など厳しい目で見て、不必要に多額な予算計画を是正させることが大切である。
②執行
　(Do)予算執行において、領収書などはきちんと保管し、会計報告に添付することはもちろん、遠足や修学旅行などへの不参加生徒についての確認も大切である。また、参加していないのに返金しないということはトラブルの元になるので、教育活動であることを保護者や生徒に理解させる努力が必要で、そのために必ず行事の実施目的が設定されていることが大切である。
　(Check)行事等の終了ごとに会計担当の教員に決算報告を作成・起案させ、経営企画室の担当職員に報告する。それを基に経営企画室の担当職員に個々の生徒の収入・支出管理表を作らせ、在籍生徒の予算執行状況を学年ごとにまとめ、中途退学した生徒への返金日程予定を会計担当の教員と打ち合わせた後、収入・支出管理表を経営企画課(室)長、副校長、校長に回覧する。その後、返金処理の状況を経営企画室の担当職員に確認することが大切である。
③予算執行報告
　1円単位での間違いがあっても、事故となる。また、中途退学者への学年積立金返金処理については、退学して1カ月後に処理されることが多く、とくに年度末の退学者への返金処理は年度をまたがってしまうことになる。年度末の決算報告においては、残金がある場合について、なぜ残額が生じるのか、その理由と金額の一致について、学年主任及び経営企画室の担当職員から副校長と経営企画課(室)長に対して説明を行わせることが必要である。
　年間を通して予算計画立案、評価、執行、評価、改善の流れをつくり、評

価（Check）を行うたびに副校長、経営企画課（室）長に対して学年主任及び経営企画室の担当職員に説明させることを事前に日程として組み入れておき、学年積立金会計チェック体制を学校としてもたせ、会計事故防止につなげていく。

　実務を扱う担当者レベルの改善策を述べてきたが、校長は、学校における会計全体の報告を定期的にさせて、学校の会計状況を把握する必要があるとともに、教職員全体に対し、機会を捉えて、会計事務の適正処理の必要性について、繰り返し話をして、理解させ、意識を高めていく必要がある。

■アドバイス
　小さなミスが事故に結び付く予算の管理・執行にあっては、様々な部署で常に予算についての確認を行うことが大切である。そのためには、学校経営計画等に組織における予算の管理・執行に向けた組織的な取組の明確な目標を示し、目標の具現化に向けて教職員が取組むことができるよう学校を組織的に機能させ、組織の活性化を図ることが重要がある。
　［組織を活性化させる工夫］
（1）コミュニケーションの円滑化
　①会議、打ち合わせを時間割の中に組み込み、定期的に会議を設定する。
　②職員室や休憩所等での日常の場面での意見交換を大切にする。
　③会議等では、ブレーン・ストーミング等を活用し、教員の率直な意見を出しやすくする。
（2）情報の共有化
　①校内でのアンケート等を実施し、校内研修等で改善点を教員に示す。
　②学校便り等を活用し、話し合われた内容の透明性を図る。
　③話し合われた内容等を職員室等で常に閲覧できるようにする。
（3）役割分担の明確化
　①組織における役割分担や指示系統を明確にする。
　②分掌、組織に権限と責任を付与し、各教員に学校運営への参画意識をもたせる。
　また、校内における自己評価だけでなく、外部評価を実施し、信頼される開かれた学校づくりを進める必要がある。

■国の指導等

　平成18年12月、約60年ぶりに教育基本法が改正され、これからの教育のあるべき姿、目指すべき理念が明らかにされた。また、平成19年1月の教育再生会議第一次報告「社会総がかりで教育再生を～公教育再生への第一歩～」において、教育再生のための緊急対応として、「学校教育法の改正」を始めとする教育3法の改正が提言された。

　教育3法の1つである学校教育法が改正され、その主旨の1つに学校の組織運営体制の確立が掲げられ、組織としての学校の力を強化することが挙げられている。具体的な取組として、学校評価及び情報提供に関する規定の整備がある。内容は、

（1）学校は、学校評価を行い、その結果に基づき、学校運営の改善を図ることにより、教育水準の向上に努めることとする。

（2）学校は、保護者等との連携協力を推進するため、学校運営の状況に関する情報を積極的に提供するものとする。

　学校評価の現状では、公立学校の約98％の学校が自己評価を実施し、実施校の約60％が公表している。外部評価に関しては、約50％が実施し、約90％が公表している。

　この状況を踏まえて、文部科学省では、学校評価のポイントとして、

（1）学校は、「文部科学大臣の定めるところにより」学校評価を行い、その評価結果に基づき、設置者、保護者、地域住民等と連携協力しながら、学校運営の改善のために必要な措置を講ずる。

（2）今後、教職員による自己評価や、保護者や地域住民などの学校の関係者による評価の実施と公表の在り方などについて、省令で定める。

（3）具体的な評価項目や指標については、各学校や設置者が実情に応じて設定する。

　さらに情報提供については、

（1）今後は、保護者や地域住民との相互理解を促進し、三者の連携協力を進める観点から、学校に関する情報を積極的に提供する。

（2）「義務教育諸学校における学校評価ガイドライン」などを参考にして、各学校の創意工夫により、情報提供を進めることが必要である。

　としている。

事例解決策4　進学指導に重点を置いた学校（高等学校）

事例

　A高校は、進学に重点をおいた教育課程を編成し、生徒の進路実現に向けた授業を展開している。今年度、A高校に赴任したB校長は、生徒の進路実現を今まで以上に実現させるため、副校長に指示して、生徒の進学状況と教育課程を分析した。その結果、A高校の教育課程は、2年生から理系、文系に分かれ、また、2年、3年に多くの選択科目が設定されていた。しかし、実際には、生徒は、決まったパターンでしか選択科目を選ぶことができない状況にあることが分かった。また、特別な講座名が多く、すべての教科でかなりの数の学校設定教科・科目を設置していることも分かった。

　B校長が、教務主幹に説明を求めると、「生徒の大学受験を考えると、早い時期から受験科目を絞り、集中的に学習させる必要がある。また、学校設定科目にすると、単位数が学校で決められ、自由な教材が使える。選択講座としては2単位にする必要があり、受験に向けた演習をするために、受験参考書を教科書として使っている」ということであった。

■視点

　進学を重視した学校では、進学実績を高めるため、また、生徒の進路希望を実現するために、様々な工夫を取り入れ教科指導に力を注いでいる。

　今回の学習指導要領の改訂では、これまで「その他の科目」「その他特に必要な教科」としていたものを、地域、学校及び生徒の実態、学科の特色等に応じ、各学校が創意工夫を生かし、特色ある教育課程を編成することができるよう、学習指導要領に示す教科以外の教科や科目を一層柔軟に設けられるようになった。この趣旨を生かすため、従前は設置者が定めていた名称、目標、内容、単位数等を各学校において定めることができるようになった。

　しかし、当然のことながら、各学校が何を設定してもよいということではなく、学校設定教科・科目を定める際には、高等学校教育の目標及びその水準の維持に十分配慮しなければならない。また、その科目の属する教科の目標に基づかなければならないことが明記されている。

　このような視点からは、受験のための知識・理解、いわゆる受験テクニッ

クを指導するというために新たな科目を設定することは、本来の学校設定教科・科目の趣旨に合うものではない。

　校長は、このような教員の意識を変え、学習指導要領の趣旨に基づき、地域や生徒の実態等を十分に考慮して、適切な教育課程を編成する必要がある。

■解決策

　適切な教育課程を編成していくためには、課題を明確にして、解決策を考える必要がある。次にその具体的な方策を示す。

（1）評価分析

　まず、これまで設置し実施している学校設定教科・科目について、教務部等の組織を活用して、「評価・分析」を実施する。「評価・分析」の視点としては、学校設定教科・科目のねらいの達成度、生徒の学習効果、学校教育目標に基づいた教育課程編成、学習指導要領に基づくねらい等が考えられる。学校設定教科・科目は、年度ごとに設定するもので、実施後に評価し改善することは、よりよい教育課程を編成するためにも大切なことである。

（2）課題

　今回の事例では、学習指導要領の趣旨、特に、学校設定教科・科目や選択科目の趣旨について教員に正しく理解させることが課題である。

　学校設定教科・科目は安易に設けるのではなく、本来ある教科・科目での教育課程編成を検討していくことが重要である。その上で、学校や地域の実態などに応じ、特色ある教育課程を編成するため、学校設定科目を設けるべきである。たとえば、地域に根ざした科目や、より幅の広い学習をするための科目、より深く高度に学習するための科目などが考えられる。

　また、選択科目の設定では、生徒の特性、進路等に応じた適切な履修ができるよう、多様な各教科・科目を設け、生徒が自由に選択履修できるよう配慮する必要がある。したがって、選択科目の履修に際して、過剰に制限を付け、生徒の選択幅を狭めることは好ましくない。

（3）実施計画

　これらの課題を解決するためには、教育課程委員会などの組織を活用して、学校設定教科・科目や選択科目の見直しを行い、既存の教科・科目で実施可能な内容は、既存の教科・科目で編成し直していく必要がある。その際、学校経営計画に「教育課程の改善・充実」を設定して、単に1科目を変

更するという作業ではなく、学校としての3年間の学習活動計画を作り、生徒一人一人の自己実現を図れるよう、様々な科目が履修できるように工夫することが重要である。

また、学校設定教科・科目を設ける必要がある場合は、既存の教科の狙いに基づき、設定する教科・科目の狙いを明確にし、年間指導計画を詳細に作成していく必要がある。また、使用する教材についても、受験指導に偏ることなく適正化を図っていくことが大切である。さらに、編成した教育課程が、今まで以上に、進学に十分対応できることを年間指導計画（シラバス）の公開等を通じ、生徒・保護者に説明し理解してもらうことも重要である。

■アドバイス

学校は、生徒の進学希望を踏まえた指導内容及び指導方法の工夫改善を図り、生徒の進路希望を実現できるよう組織的で計画的な進学指導を推進する必要がある。その際、生徒が知・徳・体のバランスの取れた人格の形成と自己実現が図れるように教育課程を編成することが重要である。

このため、各学校の組織を生かして、各教職員がそれぞれの分担に応じて十分に研究を重ねるとともに、教育課程全体にわたる広い視野をもちながら、創意工夫を加えて編成することが大切である。校長は、学校全体の責任者として指導性を発揮し、家庭や地域社会との連携を図りつつ、学校として統一性があり、一貫性のある教育課程を編成するよう努める必要がある。

■国の指導等

文部科学省では、高校における必履修科目を生徒に履修させないなど、学習指導要領に反する事例が判明したため、生徒は全て被害者との前提で、未履修者と既履修者の間にできる限り不公平感を生じないよう、また、未履修者の立場にも現実的に対応できるよう対応方針を検討した。そして、平成18年11月2日に文部科学省として対応方針を決定し、各都道府県教育委員会や大学などに対し、「平成18年度に高等学校の最終年次に在学する必履修科目未履修の生徒の卒業認定等について」（18文科初第757号初等中等教育局長依命通知）を発出した。その内容は次の3点である。

(1) 平成18年度に高等学校の最終年次に在学する生徒の取扱いについて

各学校長は、学校教育法第51条（第28条第3項の準用）並びに学校教育

法施行規則第63条の2及び第65条（第28条の準用）の規定に基づく生徒の卒業認定権限により、必修科目が未履修の生徒の、当該科目の履修について弾力的に対処できるものであること。

具体的には、平成18年度に高等学校の最終年次に在学する生徒の卒業認定を行うに当たっては、各学校長が定める教務規程等において、下記イ及びロにより、科目の履修を弾力的に行い、生徒の進学、就職等に不利益が生じないよう配慮すること。

イ　未履修科目の履修にかかる総授業時間数が70単位時間以下の場合

必要に応じ放課後並びに冬季及び学年末等における休業日なども活用して、当該総授業時間数分の授業を実施すること。この場合において、一般的に、教務規程等において総授業時間数の3分の2以上の授業への出席で履修を認定するとされていることを考慮し、その範囲内で授業時間数を減じ（例えば、70単位時間の場合は20単位時間を減じた50単位時間程度）、レポートの提出等により履修したものとすることができること。

ロ　未履修科目の履修にかかる総授業時間数が70単位時間を超える場合

70単位時間を未履修の各科目の特性等に応じて時間を割り振って授業を実施すること。総授業時間数から70単位時間を控除した残余の授業時間数については、これを免除し、レポートの提出等により履修したものとすることができること。

(2)　既に高等学校を卒業した者の取扱いについて

必履修科目を未履修で既に高等学校を卒業した者については、下記イ及びロの理由から、各学校長において当該者の卒業認定を取消す必要はないこと。

イ　上記のとおり卒業認定は学校教育法等の規定に基づく各学校長の権限であること。

ロ　未履修で既に高等学校を卒業した者については、未履修が本人の責めに帰すべきものではなく、取り消すことにより当該者に不利益を被らせることは適当ではないこと。

(3)　平成19年度大学入学者選抜における調査書の取扱いについて

各高等学校は、平成18年度に高等学校の最終年次に在学する必履修科目が未履修の生徒及び必履修科目を未履修で既に高等学校を卒業した者が大学へ出願した後にあっては、未履修科目名等を出願先の大学に早急に連絡すること。また、出願前にあっては、調査書にその事実を明記すること。

事例解決策5　きめ細やかな指導ができていない学校

事例

　A高校は、全日制普通科高校で、学力的には中堅校の下位の学校である。学区撤廃後の地域性もあり、いわゆる受け皿的な要素が強く、生徒は、高校には入学したものの、学習意欲は低く、学力も低調である。
　このような生徒に対し、教員は、生活指導を中心に熱心に指導しているが、授業は一方的な教授方法が依然として行われており、生徒の変化に対応していないため、生徒の学習面での変容が見られない状況である。また、ここ数年、教育課程を生徒の状況に即したものにするための改善は図られていない。
　今年度、A校に着任した校長は、授業観察を行った際に授業に集中していない生徒が非常に多いことに着目した。また、昨年度の成績一覧表を点検した際、原級留置になった生徒が多いことに驚き、教務主任（主幹）に説明を求めた。教務主任（主幹）は、「そもそも入学の時点から生徒は学習意欲が希薄である。集中できないのは、中学校からそうであったものと思われる。また、原級留置の多いのは、校内規定に平均点の半分が単位認定の基準になっており、最近の生徒はこの基準をクリアできなくなってきている」という説明をした。校長は、「評価基準はどうなっているのか」と教務主任（主幹）に問うたが、「特に定めていない」ということであった。

■視点

　これまで多くの学校では、ペーパー・テスト等による知識や技能のみの結果に基づき、一部の観点に偏した評価を重視し、いわゆる絶対評価といいながら、「平均点の半分が単位認定の基準とする」というような相対評価に準拠した評価を行ってきた。
　これでは、生徒の実態に即し、各学校が必ず身に付けさせたい学力が身に付いているのかどうかを判断することが困難となる。評価は、生徒の学習状況を把握し、その後の対応、すなわち、指導をどのように改善し目標を達成することができるのかを判断する指標であり、これが、「指導と評価の一体化」いわれるものである。
　学校として、生徒の実態を十分把握し、生徒が身に付けるべき学力を目標

として設定し、その目標の到達度を把握する評価規準を設定する必要がある。この目標と評価規準を保護者・生徒に提示することで保護者の理解を得ることができ、また、生徒の学習意欲を喚起し、学習に積極的に取り組むことができる。

■解決策

生徒一人一人に、きめ細やかな指導を行うため、「関心・意欲・態度」「思考・判断」「技能・表現」「知識・理解」の4観点で目標に準拠した評価を充実させる改善策が必要になる。

Ａ校では、評価・評定に関する教員の意識改善と目標に準拠した評価を実施する制度が重要になる。そこで、改善策をマネジメント・サイクルに基づき述べる。

(1) 主幹を中心とした体制づくりと企画調整会議での検討

これまで、評価については、教務内規で教務部が総括しているが、実際は、各教科がそれぞれの基準で実施している。そして、その評価に基づき、担任は進級・卒業に向けての生徒への指導を行っている。

校長は、教育目標の具現化に向け、学校経営計画に基づき生徒の成長を図るため、教務主幹を中心に教科主任を組み込んだ組織的な体制をつくる。

教務主幹に目標に準拠した評価の評価規準作成に向けた資料を作成させ、各教科で評価規準・評価方法を作成するための検討や、企画調整会議で今後の全体計画の作成について検討を行わせる。

(2) 組織的な実施

評価・評定における教員の意識を高めるため、評価の在り方について校内研修を実施する。次に、各教科主任を中心に各教科の評価規準作成と評価計画の作成を行う。また、評価規準、評価計画に基づき評価を行う仕組みづくりとして、各教科の評価規準が記入された単元ごとの評価記入シートを作成して活用する。

(3) 評価

各教科で作成・活用した評価記入シートを基に、各教科での研修会を実施し、その結果を企画調整会議で検討する。その際、生徒による授業評価や保護者へのアンケート等を活用し、評価規準や評価方法の妥当性について検証していく。

(4) 改善策

検証・評価に基づき、評価規準や評価方法の改善を行う。この新たな方法で評価するために、単位認定、進級・卒業判定等の教務内規の改定を行い、保護者・生徒への評価のフィードバックの方法として、通知表の改善を行う。観点を明確に示し、どの部分が優れていて、どの部分に努力が必要なのかが分かるようにする。

この目標に準拠した評価を実施するとともに、教えたことをどれだけ生徒が身に付けたかを教員の一方的な評価だけでなく、評価を通じてどのように指導を改善していくかという教員の意識改革につながるようにしていく。

■アドバイス

評価基準を作成し、生徒の実態に見合った評価・評定を行うことで、生徒の学習意欲の向上や、原級留置になる生徒の減少が期待される。一方で、定期的に行われる授業観察を授業改善の絶好の機会と捉え、観察時に授業内容や教授方法を分析し、事後に教員に対して適切な指導を行うことも大切である。教員の授業力の向上が「関心・意欲・態度」の観点において高い評価結果を得ることにつながることになる。

学校においては、計画、実践、評価という一連の活動が繰り返されながら、生徒のよりよい成長を目指した指導が展開されるべきである。すなわち、指導と評価とは別物ではなく、評価の結果によって後の指導を改善し、さらに新しい指導の成果を再度評価するという、指導に生かす評価を充実させることが重要であり、「指導と評価の一体化」と言われる所以である。

このような「指導と評価の一体化」を進めるためには、評価活動を評価のための評価に終わらせることなく、指導の改善に生かすことによって指導の質を高めることが一層重要となる。また、学習の評価を、日常的に、通知表や面談などを通じて、生徒や保護者に十分説明し、生徒や保護者と共有することなども大切である。

■国の指導等

高等学校学習指導要領（平成11年文部省告示第58号）では、基礎的・基本的な内容の確実な習得を図り、自ら学び自ら考える力など生きる力を育成することを示している。その達成度を示す評価については、各学校が設定し

た教科・科目の目標や内容に照らし、その実現状況を総括的に評価することが示されている。

高等学校学習指導要領の下での指導要録に記載する事項等を示すものとして通知された、平成13年4月「小学校児童指導要録、中学校生徒指導要録、高等学校生徒指導要録、中等教育学校生徒指導要録並びに盲学校、聾（ろう）学校及び養護学校の小学部児童指導要録、中学部生徒指導要録及び高等部生徒指導要録の改善等について（通知）」には、「3　高等学校の指導要録について」の中で、「各教科・科目の評定については、「関心・意欲・態度」「思考・判断」「技能・表現」「知識・理解」の4つの観点による評価を十分踏まえるとともに、「総合的な学習の時間」について、評価を文章記述する欄を新たに設ける」と記されている。

また、別紙第3「高等学校生徒指導要録に記載する事項等」の「指導に関する記録」の項には、次のように記載されている。

1　各教科・科目等の学習の記録
（1）評定
　ア　各教科・科目の評定は、各教科・科目の学習についてそれぞれ5段階で表し、5段階の表示は、5、4、3、2、1とする。その表示は、高等学校学習指導要領に示す各教科・科目の目標に基づき、学校が地域や生徒の実態に即して設定した当該教科・科目の目標や内容に照らし、その実現状況を総括的に評価して、「十分満足できると判断されるもののうち、特に高い程度のもの」を5、「十分満足できると判断されるもの」を4、「おおむね満足できると判断されるもの」を3、「努力を要すると判断されるもの」を2、「努力を要すると判断されるもののうち、特に低い程度のもの」を1とする。
　イ　評定に当たっては、ペーパーテスト等による知識や技能のみの評価など一部の観点に偏した評定が行われることのないように、「関心・意欲・態度」「思考・判断」「技能・表現」「知識・理解」の4つの観点による評価を十分踏まえながら評定を行っていくとともに、5段階の各段階の評定が個々の教師の主観に流れて客観性や信頼性を欠くことのないよう学校として留意する。その際、「別添3」に各教科の評価の観点及びその趣旨を示しているので、この観点を十分踏まえながらそれぞれの科目のねらいや特性を勘案して具体的な評価規準を設定するなど評価の

在り方の工夫・改善を図ることが望まれる。
ウ　学校設定教科に関する科目は、評定及び修得単位数を記入するが、当該教科・科目の目標や内容等から数値的な評価になじまない科目については、評定は行わず、学習の状況や成果などを踏まえて、総合所見及び指導上参考となる諸事項に所見等を記述するなど、評価の在り方等について工夫することが望まれる。
エ　（省略）

別添３の各教科の評価の観点及びその趣旨には、各教科の観点別評価の趣旨が示されている。

東京都においては、東京都教職員研修センターにより選択課題研修（キャリア・アップ研修等）として各教員が、教職経験（ステージⅠ・Ⅱ・Ⅲ）に応じたそれぞれの研修計画に基づき、自己の資質・能力を高めることを目指す研修を行っている。教科等研修をはじめ、教育課題研修、産業・情報研修、東京教師道場、派遣研修、教員研究生等各種研修講座が設けられている。校内研修担当者育成研修等、校内研修を効果的に行うための研修も用意されている。

第2章 教職員

事例解決策6　職員の健康管理に課題のある学校（特別支援学校）

事例

　A校は、小・中・高等部設置の大規模な肢体不自由特別支援学校で、教職員は150名以上である。

　大規模校の実態の一つに、毎日、教職員の健康に関する事案があり、次から次にその対応や後始末に追われている状況がある。

　肢体不自由養護学校における教員の健康面での一番大きな課題は「腰痛対策」である。昨年度、校内の労働安全衛生委員会で調査を行った結果、腰痛の有訴率は75％であった。また、腰痛を愁訴として通院治療をしている教員は自己申告で20％を超えていた。

　A校においては、この他にも、3名の病気休暇と、2名の病気休職の教員がいたことから、学部所属や学年編制、また、児童・生徒担当などの校務分掌において、主幹を含めて管理職で慎重に検討した。

　しかし、4月当初から、各学部で十分な指導体制が組めず、児童・生徒の安全面などに支障をきたすとの苦情が、教員から副校長に多数よせられた。また、保護者から学年の引き継ぎがきちんとなされていないなどの苦情が出始めている。

　現在、副校長が緊急時の給食介助やトイレ介助等の応援をしているが、副校長の業務も停滞してしまっている状況がある。

■視点

　教職員の健康管理については、学校の様々な環境調整とともに、一人一人の教職員の健康に関する意識や自覚の育成が重要なポイントとなる。

　夏季における休暇の利用促進、あるいはノー超勤ウィークの実施等について計画的に取り組むとともに、職員・職場の意識改革を図るためには、有給休暇の取得促進、超過勤務の縮減なども含め、教職員の健康の維持増進を図っていくことが重要である。

　特に肢体不自由特別支援学校は、いずれの学校においても相当深刻な健康問題を内包し、安全かつ効率的な業務の遂行に支障をきたしているのではないかと思われる。同性介助による児童・生徒の移動や排泄指導においては、腰部負担の大きい動作を要するが、教員は教育活動に献身するあまり自らの健康にあまり配慮しないこともある。

また、特別支援学校では、児童・生徒が在校している時間は、まとまった休息を取りにくい状況もある。毎日続くと、知らず知らずのうちに、疲労が蓄積され、健康が損なわれてしまうこともある。それが学部編制や学級編制、また学校経営上の大きな支障になってしまうことになりかねない。

■解決策
（1）まず、教職員の勤務については、校長が適正な勤務の割り振りをすることと、教職員の勤務状況の実態について正確に把握することが大切である。

　また、国立教育政策研究所の調査（平成13年度）では、教員は平日平均11時間働いている実態があるとのことであるが、勤務の実態として、特に毎日、朝早く出勤する教員や夜遅くまで退勤しない教員、さらに休日出勤を繰り返す教員など、タイムカードの履歴を確認して必要な指導助言をしていくことも大切である。

（2）健康診断の受診を勧める配慮が必要である。

　労働安全衛生法上、校長は健康診断を実施しなければならないとされているが、受診に際しては、教職員の協力を求めることが第一に大切なことである。

　忙しいと二次検査を受診しないままになってしまうことがあるので、一人一人の受診の有無をチェックする等の留意が必要である。また、健康診断の結果は個人情報だが、教職員一人一人とのさり気ない会話の中で、健康を気遣っていくことは、人間関係を深める上でも重要なことである。

（3）3つ目には、安全衛生委員会の機能を充実させることが重要だ。

　各校の安全衛生委員会は年一回や学期一回の設定が多いようだが、検討事項は、年間の安全衛生計画あるいは校内の安全点検、職員の健康管理、執務状況が検討事項となる。教職員の労働に関する危険・健康障害の防止対策、労働災害の原因や再発防止対策、健康の保持増進対策の調査・審議をし、意見を述べることになる。

　校長は、教職員に対して、関心をもつよう働きかけるとともに、この委員会での検討事項が、安全衛生の諸措置に反映していることを周知する必要がある。

（4）教職員一人一人の健康に関する意識と自覚を深めることが重要である。

腰痛対策の直接的な対応としては、腰痛予防や介助方法に関する研修を計画的に行い、職員朝会前の準備体操が効果的である。
　管理職には、教職員一人一人が自分自身の体をいたわり、職務に専念できるような環境設定、条件整備について心配りをしていくことが求められる。

■アドバイス
　教職員が健康で安全に職務を遂行できる環境づくりは、管理職の重要な職責の一つである。特別支援学校は、勤務が楽であるとか、教員が年休を取りすぎであるとか、すぐに腰や手足を痛めてしまうなどとの指摘をする人もいる。しかし、狭い職員室、休み時間なしの指導と介助等の対応などの悪条件についての改善は遅々として進まない。客観的な労働条件の調査や評価の下に、具体的な策を講ずることが必要である。

■国の指導等
　東京都では、「東京都立学校安全衛生組織等設置規程」（平成3年10月7日）が公布されている。この規程は、都立学校に勤務する学校職員の労働安全を確保し、健康障害を防止するため、総括安全衛生管理者、主任安全衛生管理者、安全衛生管理者、安全管理者、衛生管理者、産業医、安全衛生推進者及び作業主任者（以下「安全衛生管理者等」）の設置並びに安全衛生委員会（以下「委員会」）の設置について、必要な事項を定めることを目的としている。
　各都立学校に総括安全衛生管理者、安全管理者、衛生管理者、産業医、安全衛生推進者及び作業主任者を置くこととし、この場合において、安全管理者、衛生管理者及び産業医は学校職員数が50人以上の都立学校に、安全衛生推進者は学校職員数が50人未満の都立学校に、作業主任者は労働安全衛生法（昭和47年法律第57号）及びこれに基づく政令等により設置を必要とする都立学校に置くこととしている。
　各学校の総括安全衛生管理者を校長とし、安全管理者を経営企画室長としている（ただし、経営企画課長を置く都立学校にあっては、経営企画課長とし、都立高等専門学校にあっては、事務室長とする）。
　安全衛生管理者等の職務は、次に掲げる事項の総括管理である。
　一　学校職員の危険又は健康障害を防止するための措置に関すること。

二　学校職員の安全又は衛生のための教育の実施に関すること。
三　健康診断の実施その他健康の保持増進のための措置に関すること。
四　公務災害の原因の調査及び再発防止対策に関すること。
五　安全衛生に関する方針の表明に関すること。
六　法第28条の2第1項の規定による危険性又は有害性等の調査及びその結果に基づき講ずる措置に関すること。
七　安全衛生に関する計画の作成、実施、評価及び改善に関すること。
八　前各号に掲げるもののほか、学校職員の安全及び衛生に関すること。

　また、学校職員数が50人以上の都立学校及び産業医を置く学校職員数が50人未満の都立学校には、安全衛生委員会を設置し、次の事項を調査審議し、教育委員会又は校長に意見を述べるものとする。

一　学校職員の危険及び健康障害を防止するための基本となるべき対策に関すること。
二　学校職員の健康の保持増進を図るための基本となるべき対策に関すること。
三　労働災害の原因及び再発防止対策で、安全及び衛生に関すること。
四　前三号に掲げるもののほか、学校職員の危険及び健康障害の防止並びに健康の保持及び増進に関すること。

事例解決策7　外部の力などを活用して学校改革を進める学校

事例

　A高校は、部活動や学校行事に力を入れてきた全日制普通科の高校である。しかし、近年、部活動の加入率が60％程度に減少している。また、文化祭、体育祭、合唱コンクールなど、様々な学校行事を行っているが、生徒は学校行事に興味・関心を示しながらも、積極的にかかわろうとしない状況がある。さらに、遅刻も年々増加傾向にあり、授業中の携帯電話の使用や机上に常に飲み物を置くなど、生活指導上の課題も起こってきている。これらの課題に対して、学校は個々の教職員の指導にとどまり、全体で指導する体制には至っていない。また、ここ数年、進学実績が低下傾向であるにもかかわらず、教職員の課題意識は低い状況である。
　校長は、生徒・保護者の期待に応えるため、文武両道とともに進学実績の向上を図ることが学校全体の課題であると考えているが、改革は遅々として進んでいない。

■視点

　いわゆる中堅校の抱えている課題が露呈している学校といえる。大きな問題行動もなく、生徒指導や学習指導に困ることもなく、前例踏襲で進んでいる学校である。このため、学校全体としての教職員集団の凝集性が生まれにくい学校となっている。
　このような学校では、校長はビジョンを明確に示すとともに、リーダーシップを発揮し、ミドルリーダーである主幹・主任を育成・活用していく必要がある。また、外部の専門性の高い人材を活用することで、教職員の意識を変容させ、学校改革を推進することが重要である。

■解決策
(1)　学校経営計画における方向性の明確化
　校長は、学校経営計画に文武両道と進学実績の向上を明確に示し、数値目標を掲げていく必要がある。その際、学校評価や生徒による授業評価、学習実態調査、入選資料、進学実績経年変化など、過去のデータを分析して、到

達可能な目標を設定することが大切である。また、企画調整会議では、主幹や主任を生かして、現状分析から課題を抽出する中で、生徒・保護者の期待や現状を共通理解し、課題解決に向かう目標を設定していく。特に、そのプロセスを大切にして、主幹・主任の意識を高めさせることが重要である。

(2) 各分掌・学年の目標の策定と進行管理

　校長の学校経営計画に基づき、主幹・主任が各分掌の目標を可能な範囲で数値目標にして、具体的方策を示すことが重要である。このことで、分掌の教職員が学校経営計画を業務に照らして身近に理解し、方策を考えることが可能となる。そして、主幹・主任に中間での達成度を把握させ、管理職に報告させるとともに、修正・改善の進行管理を行わせることが大切である。

(3) 企画調整会議・主幹会議における提案型の会議進行

　企画調整会議を職員会議の事前調整や課題の整理だけでなく、校長や副校長のリーダーシップにより、提案型の会議になるよう主幹・主任の資質向上を図る必要がある。そのために、管理職と主幹が意見交換する主幹会議を設定し、学校の将来展望まで含んだ様々な課題の議論を行い、その議論を基に提案型の議論を進めていくことが大切である。その際、主幹を核とし改善・修正を図る会議となるようにして、主幹に自信とやりがいをもたせるよう工夫していく。

(4) 学年主導型から学校全体推進型への転換

　A高校では、指導が個人や学年の努力にとどまっている。このため、学校経営支援センターの支援主事や教育庁の指導主事などを積極的に活用し、教員同士では気付かなかった課題を提示してもらい、学習指導や生徒指導、進路指導に反映させていく必要がある。また、教職員研修センターでの研修に参加した教職員から研修内容を職員会議や校内研修などで説明させ、学校全体で共有化を図っていくことも大切である。さらには、外部から講師を招き学校の課題について研究協議を行い、教職員の意識改善を図り、学校改革をする教職員を育成する必要がある。

■アドバイス

　学校運営連絡協議会で外部委員の方が発言した意見や学校評価、授業公開参観者アンケート等の結果及び考察を職員会議等で示し、地域や保護者が求める学校の姿を直接感じる機会を設け、教職員に対し、現状を認識させる工

夫が必要である。
　授業では、指導主事を招いた上で主幹など、学校運営に積極的な教職員による研究授業や、初任者や経験豊富な教職員との研究協議を行い、誰もが研修を通して授業力を向上させるようにしていく。また、部活動に外部指導員を積極的に導入し、生徒の活動意欲を高めることも大切である。さらに、分掌から示された課題について、外部講師を招聘した研修を設定したり、学校経営支援センターの定期訪問や随時訪問等指導を受けたりしていくことも効果的である。
　学校経営を進める上で、他者の視点を得ることは大変重要なことである。都民の視点や立場に立つことが、都民の期待に応える学校づくりに生かせるのである。

■国の指導等
(1)「その道の達人」派遣事業（文部科学省委嘱事業）
　様々な分野の第一線で活躍する研究者等が、全国の学校を訪ね、「学ぶ楽しさ」「学ぶ意義」を子供たちに直に伝えるというのが「その道の達人」派遣事業（文部科学省委嘱事業）である。
　平成15年度以来、4年間で863校の学校へ「その道の達人」が派遣され、子供たちの旺盛な知的好奇心を満たすユニークな授業で、学習意欲の向上を呼び起こしている。
(2)「学校教育法施行規則等の一部を改正する省令（平成19年文部科学省令第34号)」
　平成19年10月30日に公布され、「学校教育法等の一部を改正する法律（平成19年法律第96号)」（以下「改正法」という。）の施行の日から施行されることとなった。
　改正法による改正後の学校教育法（昭和22年法律第26号）第42条の規定により、学校は、文部科学大臣の定めるところにより、当該学校の教育活動その他の学校運営の状況について評価を行い、その結果に基づき学校運営の改善を図るため必要な措置を講ずることとされている。この省令は、「文部科学大臣が定めるところにより」行われる学校評価について、その実施及び公表等について定めるものである。

教育コラム

教育職員免許更新制について

【教育職員免許法の一部改正】
　今までは、学校に勤務する教育職員が所持する教育職員免許状には有効期限はなかった。しかし、平成19年6月の教育職員免許法の一部を改正する法律（平成19年6月）を受け、関係省令が改正（平成20年3月）されたことにより、新たに教育職員免許状を取得する者だけではなく、すでに取得して、教員を行っている者に対して、教員免許更新制度が平成21年4月から適用され、修了確認期限までに更新講習の修了確認を受けなかった場合には、教育職員免許状の効力を失うことになる。

【教育職員免許更新制の目的】
　この制度は、その時々で教員として必要な資質能力が保持されるよう、定期的に最新の知識技能を身に付けることで、教員が自信と誇りを持って教壇に立ち、社会の尊敬と信頼を得ることを目指すということである。

【現在、教育職員である者の手続】
　　この法律等の改正により、
　① 対　象
　　　平成21年3月31日以前に授与された普通免許状又は特別免許状を持っている教育職員（国公私立の幼稚園・小学校・中学校・高等学校・中等教育学校・特別支援学校に勤務する校長、副校長、教頭、主幹教諭、指導教諭、教諭、助教諭、養護教諭、養護助教諭、栄養教諭及び講師（常勤及び非常勤））等
　② 期　間
　　　各生年月日（栄養教諭は栄養教諭免許状を授与された日）ごとに、定められた年月日（修了確認期限）の2月前までの2年間内
　③ 必要単位
　　　各大学等が開設する30時間以上の免許状更新講習の課程を修了することが必要
　④ 手　続
　　　大学等から発行された修了証明書を添えて、勤務する学校が所在する都道府県の教育委員会に申請することにより、免許状更新講習の課程を修了したことについての確認（更新講習修了確認）を受けることが必要
　なお、校長、副校長、教頭、主幹教諭又は指導教諭等の職にある者は、各都道府県教育委員会に申請することにより、免許状更新講習の受講が免除されることがあ

> る。
>   詳細については、教育委員会からの通知や「平成21年3月31日までに教員免許状を授与された現職教員の方々へ」文部科学省ホームページに掲載

第3章

教育課程

事例解決策 1　カリキュラム・マネジメントが行われていない学校

事例

　A高校では、勉学だけではなく生徒の部活動加入率も高い、落ち着いた学校である。卒業後の進路では生徒の多くが大学進学を希望しているが、第一志望の現役合格は少数であり、他の大方の生徒は、第二、三志望に進学するか、進路未決定の状況である。一方、部活動については盛んで、いくつかの運動部が大会での優勝をするなど実績を残している。生活指導については、個別指導はあるものの、目立った問題はない状況である。

　今年度校長昇任したB校長は、生徒の進路の充実が大きな課題であると捉え、教育課程の説明をC副校長及びD主幹（教務主任）から受けたところ、教員の異動により、少しの修正がなされるだけで、何年も同じであり、旧態依然としたものだった。そこで、副校長及びD主幹に話し、すぐに是正するように指示をしたところ、C副校長及びD主幹からは、「本校の教育課程は、ここ数年これでやってきている。特に問題もない。また、教員のモラールの向上を図るため、選択科目は、各教科から出されたものをまとめている」という説明があった。C副校長から「校長が異動してきたばかりで、様々なことを急に変えると、教員集団から反発が出るので、できるだけ様子を見て、来年度から徐々に変えていく方が現実的である」との発言もあった。後日、D主幹からB校長の意見に賛成であり、自分としては是非改善していきたいとの申し出があった。

　B校長はどうにかしなければならないと思っているが、C副校長からのアドバイスもあり、1年間は様子を見て、来年度変えればよいかと考え出した。

■視点

　早急に対応しなければならない問題はなく、生活指導もそれほど必要ではない、いわゆる落ち着いた学校では、学校全体が教育活動の現状維持という考えになりがちである。早急に対応しなければならない問題があれば、教員は対応していくことになり、緊張感や改善が組織的に行われていくが、このような環境になければ、教員の問題意識や改善意識が育ちにくい傾向にな

る。
　例えば、進学を重視の学校や生活指導重視の学校では、目標がはっきりしているので、教職員が目標に向かい行動しやすくなる。しかし、いわゆる中堅校と言われる学校では、目標が明確でない場合、また特に早急に解決しなければならない問題がないため、教員たちの改善の意識が低くなる傾向もある。このような教員が、教育活動を行っていくことになるので、事例にあるような旧態依然とした教育課題が編成されることになる。
　こうした状況の中で、校長は教職員全体の意識を変えていくことが重要となる。カリキュラムを編成する場合には、事例のように各教科から上がってきたものを編成するという認識では、学校教育は向上していかない。こうした実態を踏まえ、教育課程のより充実を図るためには、教育課程にマネジメント・サイクルを取り入れ、カリキュラム・マネジメントとして展開することが必要になる。

■解決策
　カリキュラム・マネジメントは、教育目標を具体化するための方法であり、より向上した教育効果を達成するためには重要なものである。教育目標を達成するために、各教科のカリキュラムをトータルにとらえる必要があるという視点に立ち、次のことを検討することが必要である。
　①各教科の教育内容のマネジメント
　②各教科をトータルにとらえたカリキュラムの検討
1　Plan（計画）
　この Plan（計画）が学校教育活動の基本となるので、次の事項を検討する。
　①学校経営計画（方針）の設定（中期・短期）
　②数値目標の設定（ここで具体性を出す）
　③教科・科目の設置（計画実現に必要なもの）
　④各教科別の指導目標、指導計画（トータルな視点で）
2　Do（実施）
　実施では、各教科及び各分掌が連携して、組織的に推進していく。特に主幹や主任を活用して、進行管理を行わせる。また、各教員に自己申告との関連付けをさせる。

3　Check（評価）
①各分掌組織や教員の指導計画や指導方法の評価をする。
②次年度の経営計画を立てるために、原因と課題を明確にする。
③A校の課題である「生徒の進路実現」について、数値目標の達成度を評価する。

4　Action（改善）
Check（評価）を基に次年度の1の経営計画を策定し、より充実した教育活動を展開していく。このAction（改善）により、学校が向上していくことになる。

■アドバイス
　B校長はC副校長及びD主幹に話し、すぐに是正するように指示をしたところ、反論されて、指示を撤回するか継続するのか明確にしていない。管理職が指示を出した以上は、反対意見を言われても、それでも管理職としてやらなければならないと判断したときには、再度明確に指示しなければならない。
　また、B校長は本事例において、C副校長の考えや学校の雰囲気等についての情報が不足しているうちに、指示を出してしまったことは、判断としては的確ではない。
　校長が指示を出すときには、情報を収集し、分析し、判断してから、的確に指示を出すことが要求される。撤回ばかりしていると、思いつきのようであり、教職員から信頼を得ることが難しくなる。

事例解決策 2　教育課程に課題のある学校

事例

　A高校は、入学する生徒のほとんどが4年制大学への進学を希望する進学校で、近年現役合格率が高まっている。教員の平均年齢が高く、必異動の年限まで在籍している者がほとんどである。これまで、この学校を最後に退職する校長人事が行われていたが、その前例を打ち破って2年前にB校長が赴任した。

　B校長が赴任して驚いたことは、A高校の教育課程をみると、平成11年3月に告示された学習指導要領で位置付けられた普通教科「情報」と「総合的な学習の時間」が第3学年に置かれていたことだった。「情報」と「総合的な学習の時間」が導入された背景を考えれば、第3学年に5単位置いていることは、どう見ても課題の先送りとしか見えなかった。早速、副校長と教務主幹を呼び、教育課程の再考を指示した。しかし、職員会議では、校長のこうした姿勢に対して、「情報」も「総合的な学習の時間」も生徒の受験に支障のない指導計画を立てているので問題ないという意見が多く出る状況であった。

■視点

　教育課程とは、「教育課程に関する法制に従い、各教科、道徳、特別活動及び総合的な学習の時間についてそれらの目標を達成するように、教育の内容を学年に応じ授業時数との関連において総合的に組織した学校の教育計画」である（教務必携：学校教務研究会編集）。

　こうしたことを踏まえると、B校長が副校長と教務主幹に対して教育課程の再考を指示したことは正しいと言える。学校としては、①入学してきた生徒をどのような生徒に育てようとしているのか。②そのためには、3年間の教育課程はどうあったらよいのか。この2つの視点で、A高校の教育課程を見直していく必要がある。

　平成11年3月に告示された「高等学校学習指導要領」において、「総合的な学習の時間」が創設されるとともに、普通教科「情報」が新設され必修となった。これらは、それぞれ社会情勢の変化によって要請されたものであり、まさに「流行」の部分である。今を生きる高校生にとって、必要な資質

や能力の獲得につながる重要なものである。

■解決策
　B校長は、副校長及び主幹に具体的に方針を指示するとともに、学校組織を活用して、次の取り組みを行う必要がある。
（1）計画（Plan）
　「総合的な学習の時間」でどのような力を付けていくかを明らかにする。そのために、どのような学習活動を行うかを検討する。学習指導要領においては、「ア　国際理解、情報、環境、福祉・健康などの横断的・総合的な課題についての学習活動」「イ　生徒が興味・関心、進路等に応じて設定した課題について、知識や技能の深化、総合化を図る学習活動」「ウ　自己の在り方生き方や進路について考察する学習活動」としていることを踏まえる。また、教科「情報」については、小・中学校での情報教育との継続性を考慮するとともに、情報モラルの育成を図ることを考慮して、設置学年を検討する。
（2）実行（Do）
　全国の進学校のなかには、様々に工夫した取組を行っている学校がある。校長が、予算化し、教務主幹及び教育課程委員会のメンバーを、全国で工夫した実践をしている学校へ視察に行かせる。その調査報告を参考にして、企画調整会議においてA高校の目指す学校像を明確に示し、教育課程の改善を行っていく。
　また、「総合的な学習の時間」は、各学年で1単位（35時間）設定することとし、これまでの受験にシフトした内容を一新する。
（3）評価（Check）
　教科「情報」を1年生に設置するなどの新しい教育課程を編成した後、3年間を通じて、育てようとした力が生徒に身に付いているかを検証する。検証する視点は、①年間授業計画を各教科で明確に立案しているか。②それを生徒全員に示しているか。③さらに週ごとの指導計画を明らかにしているか。④それらを確実に実践することを、教職員全員が共通認識しているか、である。
（4）改善（Action）
　そして、こうした取組を保護者に説明する。高校の教育課程は、生徒の一

生涯の基盤をつくり上げる大切なものであることを理解してもらうためである。そこで、B校長はA高校のような進学校で学ぶ生徒は、やがて社会のリーダーとなりうる生徒として期待されているからこそ、A高校における勉強の時間を、受験だけの時間にさせてはいけないことを学校経営計画に盛り込むことが必要である。

■アドバイス

　教育課程はその学校の顔であり、自校でどのような教育を行うのかを対外的に示すものであるが、管理職として、学習指導要領の趣旨を活かした教育課程を編成・実施・管理すべきである。平成18年度に全国的に未履修問題が起きたが、まさしく、管理職として、学習指導要領の認識の低さから起きたものともいえる。

■国の指導等

　中央教育審議会教育課程部会は平成19年11月7日に「教育課程部会におけるこれまでの審議のまとめ」を取りまとめ、また、中央教育審議会は平成20年1月17日に「幼稚園、小学校、中学校、高等学校及び特別支援学校の学習指導要領の改善について」を文部科学大臣に答申した。

　改訂された小・中学校の学習指導要領は、平成20年3月に公表されたが、高等学校は、年内になるとのことである。

　答申は、学習指導要領改訂の基本的な考え方は、改正された教育基本法などを踏まえているということである。

　高等学校の場合、改訂された学習指導要領の施行が平成25年度入学生からの場合には、各学校での教育課程の編成は平成23年度中には決定しなければならないが、移行措置等も考えられるため、国や都道府県教育委員会の動向等を的確に把握し、校内の状況を優先するのではなく、生徒に身に付けさせたい力を明確にし、教育課程の編成に取り組む必要がある。

事例解決策3　教育課程の工夫が不足している学校（特別支援学校）

事例

　A知的障害特別支援学校は、小・中・高等部設置で、教職員は、経験の比較的浅い教員層と、40代後半から50代のベテラン層とが大半を占めている。

　学校の特色は、地域交流には熱心に取り組んでいるが、教育課程上の特色は少なく、高等部卒業生の企業就労率は、目標の3割に達していない。

　学校全体での研究や教育課程編成の協議の機会が少ないため、教育課程の一貫性に欠ける課題もあった。

　保護者から、「中学部も小学部と同じ内容の指導である」「今の指導が、将来の自立につながるのか」との声も寄せられている。

　着任2年目の校長は、一貫性のある教育課程の改善をし、保護者や地域に教育方針を理解してもらうことを課題とし、教育課程の見直しを重点課題に掲げた。

　また、教育課程を改善することにより、「教員の学部意識」を払拭したいと考え、組織の改革に着手した。

■視点

　教育課程は、保護者や子供への「マニフェスト」である。この学校での学習を修了すれば、どんな子供に育つのか、どんな進路先が選べるようになり、どんな資格が取れるようになるのかが説明され、かつ、その具体的な手法が示されなくてはならない。

　他の校種で例えると、高等学校で、「理科系の大学進学を目指すコース」であれば、それに向けた教育課程を編成する。特別支援学校においても、この学校を卒業すると、どんな子供に育つのか、そして、それはどんな教育課程の履修を通して実現するのかを明確に示す必要があるということになる。職業教育に関して言えば、企業就労に向け、どのような作業学習等を実施し、どのような就労先を目指すのか等、教育の成果の具体像を明らかにすることが重要である。

　また、それを実現するため、小・中・高の一貫校であれば、12年間を見通した教育課程を編成していく必要がある。

■解決策
①教員に、一貫した教育課程の編成例を理解させることから始めなくてはならない。

東京都教育委員会では、平成17年度以降、特別支援教育推進計画に基づく、新たなタイプの特別支援学校の基本計画を策定し、公表している。

その中では、目指す卒業後の生徒像を明らかにした教育課程の例が、図式化され示されている。

南多摩地区学園養護学校（仮称）及び多摩養護学校知的障害教育部門設置に関する基本計画には、平成19年度から設置された多摩養護学校知的障害教育部門の小、中、高等部の教育課程が示されている。

そこには、福祉関連企業等での職業自立を目指す類型と、事業所等での社会参加・自立を目指す類型の教育課程が図示され、また小・中学部の教育課程についても、学年を追うごとに、教科等の配置が構造的に変わってくる様子が描かれている。

このような教育課程の基本構造を、校内研修等で教員に示し、小・中・高の一貫した教育課程編成の在り方について、理解させることが必要である。

②どのような就労先かを想定した職業教育の内容を検討し、それに向けた教育課程の見直しを図る。

高等部では、具体的な就労先（物流事務、清掃、福祉、食品加工等）を想定して、教育課程の見直しを図っていく。

基礎的な教科等の配置、作業学習等の内容や時間配当などを、学年を追うごとに、どのように配置するかを検討させる。作業学習等の内容も「基礎・発展・応用」の段階ごとに検討していく。

作業学習は、職業教育において核となる指導の形態であり、中学部の教員も協議に参加させ、中・高の作業学習の一貫性を検討するようにさせる。

また、小学部でも、将来の社会的自立を想定して、キャリア教育の視点も含めて、低学年から高学年へ、どのような教科等の配置をすべきかを考えていく。低学年では、日常生活や遊びの指導が比較的多く時間設定されるが、徐々に、教科の時間や生活単元学習の時間を増やしていく編成とし、中学部の作業学習等との連続性を考えていく。

③教育課程の改善・実施に当たり、学部を超えた教員の協働の機会を作る。

作業学習等の内容検討について、高等部と中学部の教員が共にかかわるこ

とが大切であり、実施に際しても、協働していくことが「学部意識」の払拭には必要である。

作業学習等において、一定の単元や時間、中学部3年と高等部1年が共に学習する時間を設ける工夫により、教員同士が実際の授業にかかわることができる。教員同士が、協力して授業づくりをすることで、各学部の工夫も具体的に見えてくる。

また、小・中の生活単元学習等の機会を、一部合同にするなどの工夫により同じ効果を期待できる。

小・中・高3学部設置されている特別支援学校では、小中一貫校、中高一貫校等の教育課程の編成の工夫を活用していく発想を、管理職がもつべきである。

■アドバイス

教育課程の編成は、学習指導要領等の基準に則し、子供たちや地域の実態に応じて、学校が主体となって創意工夫するものである。他の学校との違いを明確にし、学校の重点や特色を全面に出していくことが必要である。最近では、授業のシラバスを保護者等に公開している特別支援学校もある。

また、障害者雇用の促進の視点からも、高等部においては、卒業後の就労等を視野に入れ、常に社会情勢の変化などを考慮しながら、職業教育の充実を図っていくことが、今後強く求められてくるところである。

■国の指導等

平成20年1月17日、中央教育審議会において、「幼稚園、小学校、中学校、高等学校及び特別支援学校の学習指導要領等の改善について」(答申)がとりまとめられた。

特別支援学校に関しては、以下のような概要が示されている。

教育目標については、学校教育法における特別支援学校の目的の改正を踏まえ、特別支援学校の学習指導要領等の目標を見直す。

自立活動については、現行の5区分に加え、新たな区分として「人間関係の形成(仮称)」を設け、それぞれの区分と項目の関連を整理する。また、自立活動の指導に当たっては、実践を踏まえた評価を行い、指導の改善に生かすことを明確にするとともに、指導計画の作成の手順がより理解されやす

い示し方とする。さらに、子供の主体的な活動を一層進めるとともに、子供が活動しやすいよう、自ら環境を整えたり、必要に応じて周囲の人の支援を求めたりするような指導についても配慮することを明確にする。

重複障害者等の指導については、2つ以上の障害を併せ有する者（重複障害者）等については、一人一人の実態に応じ、より弾力的な教育課程を編成することができるようにする。また、学校全体の組織的な対応の下で、複数の教員等の協力により適切な指導を行うことはもとより、必要に応じて、医師、看護師、理学療法士、作業療法士、言語聴覚士、心理学の専門家等の助言や知見などを指導に生かすことを明確にする。家庭や病院等に教員を派遣して教育を行う訪問教育については、個々の実態に応じて、指導内容・方法等の工夫・改善を図ることを明確にする。

知的障害者のある子供に対する教育を行う特別支援学校の各教科については、各教科の内容等について、社会の変化や子供の実態を踏まえた見直しを行うとともに、より分かりやすい表記とする。また、高等部において、生徒の実態や卒業後の就労の状況等を踏まえた職業教育を一層進める視点から、福祉に関する基礎的・基本的な内容で構成する新たな専門教科として「福祉」を新設する。指導に当たっては、子供が習得した知識・技術等を、実際の生活の中で活用できるよう工夫する旨をより明確にする。

職業に関する教科等については、高等部の専門教科については、社会の変化や時代の進展、近年の障害者の就業状況などを踏まえ、必要な見直しを行う。また、職業に関する教科については、現場実習等の体験的な学習を一層重視すること、地域や産業界との連携を図り、企業関係者など外部の専門家を積極的に活用すること明確にする。進路指導に当たっては、関係機関との連携を図りながら、生徒が自分に合った進路を主体的に選択できるよう、早い段階からの進路指導を充実する。この他、指導方法等の改善、個別の指導計画、個別の教育支援計画、特別支援教育のセンター的機能、交流及び共同学習、ICFの視点、教師の専門性の向上や教育条件の整備等について、具体的な改善の視点が示されている。

事例解決策4　指導計画が安易に変更されてしまう学校（特別支援学校）

事例

A知的障害特別支援学校は、小・中・高等部設置で、児童・生徒数は約300名である。校長は着任1年目である。

年度当初、前校長との引き継ぎのもとに学校経営計画には「一人一人の障害の特性に応じた指導の充実」とし、「自閉症の障害特性に応じた教育課程を実施する学校」を重点課題として職員に示していた。近年、児童・生徒が急激に増え、大規模校並みの児童・生徒数となった。研究熱心な特別支援学校として保護者・地域からの信頼は厚いように見受けられた。しかし、授業が始まると、教室が狭いため、校外学習となることが多いようだった。買い物、散歩、社会見学などと称して、校外に出ることが多く、児童・生徒は校外学習を喜んでいるが、校長は安全管理が心配であった。

ある日、副校長に「毎日、どの学年が校外学習に出ているのか、把握できているか」と確認したところ、副校長は「すべて教務主幹に任せてあります」と当然のように言った。校長は、「校外学習は教育課程届に位置付けてあるはずだ。それ以外の実施があれば、当然追加届を提出する必要がある」と念を押したが、副校長も主幹も、うわの空の返事であった。

■視点

本校は、年配の教員は少なく、中堅、若手の教員層が厚く、熱心で前向きな教員が多い。専門性の面では、特別支援学校教諭免許保持者が70％程度であり、免許を保持している教員が増えている状況である。

教員の配置を見ると、特定の学部や学年に若手が集中しており、その学年は活気があるが、思いつきの指導が少なくない。保護者からの苦情は、年配の教員に対して多い状況である。

校外学習については、もっと教科指導の時間を増やしてほしいとの保護者からの要望が強いが、保護者の中には、校外学習が多いことは経験を広げるためによいと感謝している保護者も一部いる。

■解決策

　一見活気があるように見えるが、教育課程の適正な実施という視点で見ると、課題が多い学校である。管理職から、若手教員をはじめ全校職員に教育課程の認識を深めていく必要がある。

①自校の教育課程の理解

　今年度の教育課程について、職員会議で教員に確認させることが必要である。特に、今年度から時程や授業時数が変わった個所は、きちんと確認し、年間指導計画や週時程表も修正していく必要がある。

②教育課程届の変更等の徹底

　教育課程届に記載のない教育活動を行う場合には、事前に教育委員会に「教育課程の一部変更（追加）について」届け出をする必要がある。

　また、教育課程届には日程が未定のため欄外記載になっているものもあるが、これも、日程が決定した段階で届け出をしなければならない。

　校外学習を実施する場合には、当然教育課程に位置付けられた活動でなければならず、急きょ実施するようになれば、教育課程の一部変更届を提出する必要がある。

　このような手続きを知らない教員がいることが課題である。

　学校経営上は、こうした手続きが必要なことを周知させた上で、届け出を遺漏なく適正に行う校内システムを作る必要がある。

　具体的には、届け出について、起案され、管理職が把握できるように、回付ルートをシステム化する必要がある。

③教育課程の進行管理の徹底

　本事例のもう一つの課題は、教育課程の安易な変更が行われているのではないかということである。

　教育課程や、それを支える年間指導計画等は、各学校が毎年の実践を積み上げ、修正に修正を加えて作成してきたはずである。「今日は天気が良いから」「子供が落ち着かないから」という理由で安易に変更することは、適切ではない。

④主幹による週ごとの指導計画の確認

　教育課程の進行管理のために、週ごとの指導計画の提出がある。主幹は週ごとの指導計画をよく見て、不明瞭なところは本人に確認するなどして、積極的に指導を行うことが大切である。

また、各教科の累計時数の記入があるので、変更等があれば、確認し、教育課程の内容がバランスよく実施されるように、調整していく必要がある。
⑤副校長、主幹、学部主任それぞれの役割の明確化
　学校の教育課程は各学年で、学部等の進行管理は主任、主幹が、学校全体については、副校長がというように、適切な役割分担を行う進行管理が必要となる。
　本事例のような「校外学習にかかわる教育課程一部変更届」は、軽易な課題と思われがちであるが、計画性のない校外学習は、校外での事故や行方不明などが生じる恐れがある。また、交通機関を使用する場合には就学奨励費の支給の根拠ともなり、経営企画室との調整なども必要となるものである。
　一般に、若手教員は熱心で、様々なアイデアに富んでいるが、事務手続きに対しては意識が薄くなりがちである。熱心さからのものであっても、管理職は、必要な時には毅然とした態度で、教員を指導していく必要がある。

■アドバイス
　校外歩行は、生活単元学習の一部として実施することが望まれる。校内での活動の延長として、自立的で生活に必要な力を、校外において、総合的に定着・般化させていくために実施するものである。
　また、校外学習の中で実施する「乗り物学習」や「買い物学習」などの活動についても、自立生活で必要となる判断力や技能・態度を身に付けさせるために、発達段階に即して、計画的に実施していく内容である。安易に毎週慣習的に設定するものでもないことに留意しなければならない。

■国の指導等
　文部科学省「盲学校、聾学校及び養護学校学習指導要領（平成11年3月）解説―各教科、道徳及び特別活動編―」（平成12年3月）の第5章：知的障害者を教育する養護学校の各教科には、生活単元学習の中核となる教科「生活」に関する解説が示されている。
　生活科の目標を「日常生活の基本的な習慣を身に付け、集団生活への参加に必要な態度や技能を養うとともに、自分と身近な社会や自然とのかかわりについて関心を深め、自立的な生活をするための基礎的能力と態度を育てる」こととしている。そして、生活科の目標を次の4つの構成としている。

①「日常生活の基本的な習慣を身に付け」とは、児童が、日々の生活において、健康で安全な生活をするためには、生活に必要な身辺の処理に関する知識、技能及び態度などを確実に身に付け、習慣化していくことが重要であることを指している。

②「集団生活への参加に必要な態度や技能を養う」とは、児童が、家庭や学校において、教師や友達などとの集団生活に進んで参加し、活動するために必要な態度や技能を養っていくことが重要であることを指している。

③「自分と身近な社会や自然とのかかわりについて関心を深め」とは、児童が、家庭や学校の近隣の地域など身近な社会に関心をもち、様々な人々とかかわったり、公共施設等を利用したりすることや、学校の近隣や登下校時に見られる動植物や、河川などの自然、太陽や月などの天体、気候、季節の変化などに気付き、興味をもち関心を深めることが重要であることを指している。

④「自立的な生活をするための基礎的能力と態度を育てる」とは、児童が有する能力を最大限に発揮して取り組む生活のことであり、上記の①から③の目標に基づく活動の下に、児童が学校生活や社会生活などの生活に必要な基本的な知識や技能、態度を、生活経験を積み重ねて着実に身に付けていくことが重要であることを指している。

　そして、内容構成の考え方として、児童の生活に関係の深い「基本的生活習慣」「健康・安全」「遊び」「交際」「役割」「手伝い・仕事」「きまり」「金銭」「自然」「社会の仕組み」「公共施設」の11の観点を示している。

| 事例解決策5 | 週ごとの指導計画の活用で教員の授業力を高める学校（特別支援学校） |

事例

　A知的障害特別支援学校は、小・中学部設置で、児童・生徒数は150名を超えている。自閉症や自閉的傾向と考えられる児童・生徒の割合は約6割である。今年度の初任者は7名であり、本校が採用1校目の教員が多い。特別支援学校教員免許状の取得率は比較的高く、約83％が特別支援学校教員免許状を取得している。

　一人一人に合わせた指導の充実を目指して、学校経営計画の目指す学校像を「一人一人の児童・生徒の個性が尊重されると同時に、将来の社会自立へ向けてその可能性を十分に引き出すために『授業を大切にする学校』」としている。目指すところは、一人一人の教員の授業力の向上である。

　しかしながら、知的障害や自閉症等の指導の専門性に関しては、一定のレベルにある教員が多いと思えるのだが、保護者からの苦情が絶えない現状がある。特に、「個別指導計画をきちんと説明してくれない」「実態把握の状況が家庭の様子と異なることが多い」「一斉授業が多く、個別の課題に焦点を当てた指導が少ない」などというような要望が多い。

■視点

　「授業は計画に基づいて行う意図的なもの」と、「授業の質は授業者自身が工夫しながら高めていくもの」という極めて当たり前のことを、教員が自覚するところから始めることが課題である。

　授業力向上のための最も有効なツールは、「週ごとの指導計画」の活用である。毎週1回提出される週ごとの指導計画の中には、実に多くの授業力の向上に直結する要素が含まれている。

　管理職からの「週ごとの指導計画」の作成についての教員への指導では、年間計画をベースに次週の具体的な授業場面の中で、授業を構成する担任が、何を意図して授業を行うのかが明確に示されるよう指導していくことが大切である。また、授業を実施した際の評価の記入にも重点を置き、授業者が、次の授業にどんな工夫をしていこうとしているのかが明らかになるような書き方を指導していくことが大切である。

■解決策

　具体的には、校長・副校長・主幹が毎回一人一人の教員の評価に対するコメントを返していくことである。例えば、主幹は緑色のボールペン、副校長は赤色のボールペン、校長は青色の万年筆でコメントを書く。これを繰り返していくことで、Plan（計画）を策定し、Do（実行）し、それをCheck（評価）し、更にAction（改善）していくというサイクルが定着し、授業を客観的に評価して、よりよい授業の実現のための工夫が、自らの力で積み上げられていくことが可能となる。

　以下のような実践を丁寧にかつ確実に実施することで、教員一人一人の授業力の改善が図れるようになる。

① Plan（計画）

　年間指導計画に基づき、単元の全体を見通して週の指導内容について、時間割に即した具体的な計画を「単元名」「目当て」「教材・教具等」「配慮事項」「時間数」を週案に記入させる。

　指導の主担当の場合は、指導案や略案を作成することで、副担当の教員にも自分の意図を明確に伝えることが可能となる。

② Do（実行）

　週ごとの指導計画や指導案・略案に基づき実際に教員が授業を展開する。毎回、校長、副校長が授業を観察することはできないが、でき上がった作品をみたり、児童・生徒から感想を聞いたりすることで、きめ細かく様子を把握していく。

③ Check（評価）

　指導を振り返り、教員は客観的な評価を行う。評価の観点は、「場面の設定」「子供の反応」「準備した教材・教具の有効性」「次時への反省点」等であり、記憶の新しいうちに確実に記録を残す。

④ Action（改善）

　次週の計画を作成する際には、毎日の評価の記録を反映させた工夫を盛り込んだ週ごとの指導計画を作成する。

　このサイクルを経過した週ごとの指導計画に対して、校長・副校長・主幹がコメントし、教員の指導意欲が常に高い状態にしておく。

　具体的には、主幹は主に「②Do（実行）」の実際の、その場にあった応援のメッセージを送る。副校長は主に「③Check（評価）」に対して、客観

的な視点から応援のメッセージを送る。そして、校長は「④ Action（改善）」に対して、その工夫が授業の改善により授業力の向上に直結するメッセージを送る。

■アドバイス
　学期に１回の自己申告の面接や授業観察の際には、週ごとの指導計画での教員の工夫を話題にし、児童・生徒の成長を共に喜び合うこともできる。児童・生徒の変化を管理職からも具体的に教員に伝え、教員や保護者との一体感を味わいながら学校経営ができる幸せは、校長として何ものにも代えられないものになる。そして、一人一人の教員自らの努力の積み上げの結果として、果てしない授業力の向上につながっていく。

■国の指導等
　平成15年7月2日の都議会第2回定例会において、土屋たかゆき都議会議員から、教員が次の週の指導計画を立案する週案の提出は教務指導上不可欠であるが、公立学校で週案が提出されていない状況があるとの指摘があり、東京都教育委員会として、今後、週案の提出に向けてどのように取り組むかの方針についての質問があった。
　この質問に対して、当時の横山洋吉教育長は、年間指導計画はすべての学校で作成しているが、週ごとの指導計画等は作成、提出されていない学校があり、今後、東京都教育委員会として、校長の権限と責任において、各教員が作成する週ごとの指導計画等に基づき、教育課程の実施状況を把握するよう、都立学校及び区市町村教育委員会に通知するとともに、都立学校校長連絡会、教頭連絡会等において周知をし、教員の研修においても指導していくとの主旨の答弁をしている。
　現在、東京都立学校の管理運営に関する規則では、年間授業計画等の作成について以下のように定めている。

第十五条の二　学校は、年間授業計画（年度ごとの各教科・科目及び各教科以外の教育活動に係る学年別の指導計画をいう。次項において同じ。）を、委員会が別に定めるところにより作成するものとする。
2　学校は、年間授業計画に配慮して、週ごとの指導計画を作成するものとする。

（平一六教委規則二一・追加）

事例解決策6　教科「情報」の履修の在り方に課題のある学校（高等学校）

事例

　A高校は中堅校であり、また学校全体で教育の情報化を推進してきたモデル校でもある。しかし、情報化を推進してきた教員が他校に異動し、また、後継者の育成が十分にできなかったため、現在、情報化が徐々に後退してきている状況がある。

　また、平成17年度から3年生に教科「情報」を教育課程に位置付け、専門の教員が指導することになったことから、校内の情報化の推進や教科等におけるインターネットなどの情報通信技術（以下「IT」という）の活用を期待していたが、思うように推進できない状況が続いている。

　特に、3年生に設置された教科「情報」（必履修）は、当初、生徒の関心や期待も高く授業に活気があったが、大学進学の希望者が多いため、2学期以降、生徒の関心が低くなり、授業に集中できず、また他の学習や別室で学習を希望する生徒も出てきた。担当教員は、生徒が現役で大学に進学することを強く望んでいるため、1人、2人と別室での学習を容認するようになり、だんだんと生徒が教科「情報」の授業に積極的に参加しなくなった。

■視点

　教育の情報化の推進は、教科「情報」の担当者など、特定の教員だけで推進するものではない。管理職は、教育の情報化を推進するため、常に人材を育成するとともに、組織的な対応が行われるようにしていく必要がある。

　このため、IT推進委員会などの組織を設定して、ITを活用した分かりやすい授業の実施や、校務分掌におけるITの効率的な活用と運用などをについて検討して、具体化していく必要がある。また、教科「情報」については、必修化になった経緯や、どの学年で履修することが生徒の実態から適切であるか等を、教育課程委員会等で十分に検討し、他教科においても、教科「情報」の知識や技術が生かされるよう、教育課程を見直しする必要がある。その際、教育課程編成の方針に基づき、各教科の課題等を分析して、適切に教育課程を編成していくことが重要である。

■解決策

　インターネットなどの情報通信技術は、教育活動を支援する道具の一つである。生徒一人一人の学習意欲の向上や、不登校、引きこもり、中途退学などの深刻な教育課題に対して、ITなどを道具として利用していくことは有益である。このため、ITを最大限に活用した教育課程を編成し、学校教育の充実を図っていく必要がある。次にその具体的な方策を示す。
(1)「教育の情報化」の学校経営計画への位置付け
　生徒が高度情報化社会の恩恵を享受しながら、学習意欲を向上させ、基礎・基本の定着を図ることや、不登校、引きこもり、中途退学などの教育課題を解決させるため、分かりやすい授業、個に応じた指導などを充実していく必要がある。このため、ITを積極的に活用した「教育の情報化」を学校経営計画に位置付けることが重要である。
(2) 情報化の教育課程編成方針への位置付け
　ITの活用について、次の点を教育課程編成の方針に位置付け、学校全体で推進していく。
　　○各教科等の学習指導での活用
　　○教員の指導計画等の作成や学校運営の改善のための活用
　　○生徒の情報活用能力の育成
　　○教員の情報活用能力の育成
　　○教育の情報化推進のための校内組織体制の整備
　　○教材コンテンツの開発や教育用ソフトウェアの活用
　　○インターネット上の教育情報の収集・体系化と学習指導への活用
　　○コンピュータ教室の整備と指導の一体化
(3) 教科「情報」の教育課程上の位置付け
　「教育の情報化」には、情報活用能力の育成を目指した「情報教育の充実」と、効果的な教科指導を目指した「情報技術の活用」がある。情報化は急速に進展し、情報社会を巡る状況変化などの課題への対応が求められている。この課題解決を図るためには、教科「情報」を計画的に学習し、学んだ知識や技能を他教科で生かせるようにする必要がある。
　教科「情報」のねらいは、情報活用能力の育成にある。情報活用能力とは、「情報活用の実践力」「情報の科学的な理解」「情報化社会に参画する態度」の3点である。このねらいの達成を目指し、他教科での活用を進めてい

くため、どの学年が相応しいかを教育課程委員会等で十分に検討して、教育課程を編成していく必要がある。
(4) ITを活用した教科・科目の指導方法の検討・実施
　学習指導要領では、「各教科・科目の指導に当たっては、生徒がコンピュータや情報通信ネットワークなどの情報手段を積極的に活用できるようにするための学習活動の充実に努めるとともに、視聴覚教材や教育機器などの教材・教具の適切な活用を図ること」としている。このことを踏まえて、各教科・科目での活用方法を検討・実施していく必要がある。

■アドバイス
　情報教育の推進では、校長の学校経営計画に基づき、IT推進委員会などの組織を設置して、全教職員で組織的に行っていくことが重要である。委員会では、ITを活用した授業力の向上、授業におけるIT活用計画の作成、校務用ソフト活用能力の向上、教材開発の応力の向上などの方針を明確に定め、検討・実施していく必要がある。

■国の指導等
　文部科学省では、平成17年1月に「初等中等教育における教育の情報化に関する検討会」を設置し、情報化の進展等に対応した教育の情報化の今後の在り方について検討して、平成18年8月に「初等中等教育の情報教育に係る学習活動の具体的展開」について報告書としてとりまとめた。
　この報告書では、初等中等教育における情報教育の考え方を整理し、情報教育の内容の体系化を図った上で、小、中、高等学校の各学校段階において子供たちが身に付けるべき「情報活用能力」に関する指導内容や学習活動例を一覧表にまとめている。各学校では、教育課程の編成や、各教科等の個別の指導において、この報告書を参考にして、実際の教育現場における子供たちの情報活用能力の育成を図るために活用することが大切である。

事例解決策7　修得・履修すべき単位数が異なる学校

事例

　A高校は、「わが町の学校」として地元から期待を寄せられている中堅上位校である。生徒はどちらかというと大人しく、授業や学校行事等にも積極的に参加するため、教員にとっては指導しやすい学校である。

　昨年4月に赴任したB校長は、前任の校長から学校経営がしやすい学校との引き継ぎを受けていた。しかし、教務に関する校内規程を見て疑問に感じていたことがあった。それはA校では、「卒業の条件は修得単位が78単位、履修単位が84単位」と規定していたからだった。案の定、この年の卒業判定会議において、2人の生徒が卒業単位78単位はクリアしているものの、学習指導要領で定められている必履修科目以外の科目で欠時オーバーしたため、82単位しか履修できずに卒業は認められないとの意見が大勢を占めた。

　B校長は、学習指導要領の定めるところにより74単位以上修得することが卒業の要件ではあるが、履修すべき単位数を卒業単位数以上に定めることは課題であり、これをもって卒業を認めないことはできないと判断し、反対意見をもつ教員は多かったが、卒業を認定した。

■視点

　学校教育法施行規則第57条の規定によれば、「小学校において、各学年の課程の修了又は卒業を認めるに当たっては、児童の平素の成績を評価して、これを定めなければならない」と定められ、また、同法施行規則第58条の規定では「校長は、小学校の全課程を修了したと認めた者には、卒業証書を授与しなければならない」としている（高等学校は第104条の準用規定による）。

　また、同法施行規則第96条の規定には、「校長は、生徒の高等学校の全課程の修了を認めるに当たっては、高等学校学習指導要領の定めるところにより、74単位以上を修得した者について行わなければならない（以下略）」と定めている。

　さらに、高等学校学習指導要領によれば、「すべての生徒に履修させる各教科・科目（必履修教科・科目）は、次のとおり（略）とし、その単位数は、第2款の2に標準単位数として示された単位数を下らないものとする」

（第1章第3款の1）とし、「学校においては、卒業までに修得させる単位数を定め、校長は、当該単位数を修得した者で、特別活動の成果がその目標からみて満足できると認められるものについて、高等学校の全課程の修了を認定するものとする。この場合、卒業までに修得させる単位数は、74単位以上とする」（第1章第7款の2）としている。

■解決策

こうしたことを踏まえると、学校は、生徒に対して卒業までに修得する単位数と必履修教科・科目を示すことは必要であるが、卒業までに修得する単位数の中に、必履修教科・科目や総合的な学習の時間の単位数を含めるべきではない。ましてや履修すべき単位数を修得すべき単位数を超えて定めることは望ましくはない。

しかし、都立高校では卒業までに修得すべき単位数と履修すべき単位数が異なる学校が多い。A校の事例はどの学校でも起こりうることである。

B校長は、次のような改善を図っていく必要がある。

①進級・卒業に関する校内規程の見直し

高校では、卒業まで修得すべき単位数が80単位から74単位に減じられたこともあり、生徒が年度途中で放棄してしまうことを恐れ、必履修教科・科目の単位数を多く設定している。A校の事例で生徒が卒業できず、退学した場合、その後復学を希望しても、どの学校へも転入できない。こうしたことが起こらないようにするためにも、教務主幹を中心に企画調整会議を利用し、校内規程の見直しを行っていく必要がある。見直しに当たっては、前述のような諸法令に従うことが大切である。

②キャリア・ガイダンスなど履修に関する相談の充実

高校には、履修と修得という考え方がある。高校に入学した生徒や保護者にはそれが十分認識しているとは限らない。学校としては、ガイダンスの機能を十分に生かしながら、生徒が主体的に科目の選択ができるよう支援する必要がある。

③年間授業計画の作成と個に応じた魅力ある授業の展開

平成14年度からすべての都立高校で年間授業計画の作成と生徒・保護者への提示を行っている。評価の観点・方法や年間授業計画を詳細に示し、説明することが学校への信頼につながるものである。また、一斉授業で教え込

む従来型の授業に固執することなく、生徒一人一人の能力や適性に応じたきめ細やかな授業の展開を行う必要がある。そのためにも生徒による授業評価に基づいた校内研修が不可欠である。

■アドバイス

　校長が卒業の認定を行うが、校内の規定が国や都道府県の指導と異なる場合、早急に校内の規定の改善を図る必要がある。企画調整会議で指示し、教務部で検討させ、職員会議で周知するなど、管理職としての力量が問われる場面でもある。

　常に自校の課題を把握し、その改善に向けて、国や都（道府県）の動向を踏まえながら、中・長期の学校経営計画を実現するために、取り組んでいくことが重要である。

■国の指導等

　高等学校における進級の認定は、学校教育法施行規則第65条に基づき、校長が授業への出席状況や学習成績を総合して決定する。

　なお、学年による教育課程の区分を設けないことができる単位制高校や総合学科高校では、進級という概念はない。

　また、卒業の認定では、校長が生徒の全課程の修了を認めるに当たり、学習指導要領の定める「74単位以上修得した者について、これを行わなければならない」ことを踏まえる必要がある。

教育コラム

情報教育の位置付け

　我が国の初等中等教育における教育の情報化への対応は、昭和40年代後半の高等学校の専門教科において、情報処理教育が行われるようになったことに端を発している。以後、情報教育は、臨時教育審議会、教育課程審議会等における検討を踏まえた平成元年の学習指導要領改訂、中央教育審議会、教育課程審議会等における検討を踏まえた平成10年（高等学校にあっては平成11年）の学習指導要領改訂を経て、小学校、中学校にあっては平成14年度から全面実施、高等学校にあっては平成15年度から学年進行により実施されている現行の学習指導要領に基づき行われている。

　また、現在、情報教育において育成することを目指している「情報活用能力」には、以下の3観点がある。これらの3観点相互の関係を考え、児童・生徒の発達段階に応じバランスよく身に付けさせることが重要である。

(1) 情報活用の実践力
　　課題や目的に応じて情報手段を適切に活用することを含めて、必要な情報を主体的に収集・判断・表現・処理・創造し、受け手の状況などを踏まえて発信・伝達できる能力

(2) 情報の科学的な理解
　　情報活用の基礎となる情報手段の特性の理解と、情報を適切に扱ったり、自らの情報活用を評価・改善するための基礎的な理論や方法の理解

(3) 情報社会に参画する態度
　　社会生活の中で情報や情報技術が果たしている役割や及ぼしている影響を理解し、情報モラルの必要性や情報に対する責任について考え、望ましい情報社会の創造に参画しようとする態度

　また、専ら情報活用能力の育成を目標としている教科等としては、高等学校の普通教科「情報」、知的障害者を教育する、特別支援学校における高等部での選択教科「情報」、中学部での教科「職業・家庭」、中学校の教科「技術・家庭」における「技術分野」の「B情報とコンピュータ」があるが、情報教育はこれらを含むあらゆる教科等において行われることが想定されている。このため、現行の学習指導要領に基づき情報教育を進めるためには、各教科等の指導を担う教員が、自らが指導する内容の中に「子供たちの情報活用能力の育成」を念頭においた「情報教育」のねらいや内容が含まれていることを認識しつつ、日々の教育活動を進めていくことが必要となる。

第4章

生活指導

事例解決策 1　異性への強い関心がある生徒への指導（特別支援学校）

事例

　Ａ知的障害特別支援学校の高等部２年Ａ子と３年Ｂ男は、共に中学校特別支援学級から進学してきた。特別支援学校高等部に進学してからは運動部に所属し、毎日の部活動に汗を流し、２人とも自信をつけて、チームのリーダー的な存在になっていた。同じ部活動のメンバーの中で、軽度の知的障害の２人は、次第に好意をもつようになって、保護者や学校の知らないうちに、２人の思いは、かなり強いものになっていた。

　Ａ子のＢ男への強い思いが分かった時、保護者の戸惑いは大きいものであった。「まさか、どうして？　いつ？　どこで？」などと戸惑いの余り、とかく相手方に責任を押しつけることになりがちであった。しかし、今回の件は言わば想定外のことではなく、起こり得るべくして起きたことである。保護者も学校も、この生徒たちの生活実態をきちんと把握できていなかっただけである。

　Ａ子とＢ男は、携帯電話で連絡を取り合い、部活動の帰りや放課後、休日などを一緒に行動することが多くなり、土曜には、Ａ子の祖父母宅に行くようになっていた。Ａ子は妹と一緒に行っていたため、保護者は安心していた。しかし、祖父母と妹は、一緒に買い物に出かけることが多く、２人だけの時間と場所が用意されている状況も把握できていなかった。

■視点

　この事例は、どこの知的障害特別支援学校高等部でも起こりうることである。特に、軽度の知的障害の生徒は、通常の中学校の通常の学級に在籍し、不登校状態になっている生徒や、特別支援学級に在籍し、多様な生活背景のある生徒が少なくないのが現状である。

　本事例は「性非行」というまでには当たらないものであるが、思春期の異性への思いは、場合によって不幸な結果を引き起こしてしまい、結果に対して責任がとれないという点から、学校教育の中で、組織的・計画的な生活指導や性教育が重要になってくる。同時に家庭や社会の基本的なあり方の改善無くして、この問題を真に解決するのは難しいことである。

■解決策

　今日、学校教育における生活指導や性教育に様々な課題がある中で、「性に関する問題行動」は、特に今日的な時代の影を色濃く反映していて、件数も増加の一途にある。

　過去、特別支援学校での不適正・不適切な性教育が問題となり、その後、各学校の性教育は、大きく改善されてきている。

　平成17年3月には、当時の盲・ろう・養護学校用の「性教育の手引き」が改訂され、学校における「適正な性教育」を根付かせるために、次の3点が述べられている。

1　性教育に対する正しい理解と豊かな感性を育てる
2　学校の性教育に対する教職員や保護者の理解を深める
3　性に対する個別指導・相談活動の充実

　これらのことを踏まえ、性教育は法令に基づき、児童・生徒の実態に合わせて、年間指導計画を作成し、教育課程に位置付けるとともに、その目標や内容・実施方法について、全教職員の共通理解を深める必要がある。そして、学校生活全体を通して行われる生活指導としての性教育と授業としての性教育を統合して、いかに組織的に、計画的に行っていくかが問われてくる。

　一方、家庭や社会の急速な変化を、学校が十分受け止めきれていないことも課題である。特別支援学校の生徒も携帯電話を持ち、日常的にインターネットに係わるようになり、学校や保護者の知らないところで、交友関係が広がっているのも事実である。

　さらに社会全体に様々な性情報が氾濫し、生徒たちは、日々その過剰で過激な情報や危険な情報の中で生活をしている。そのような実態を的確に把握し、家庭や地域の関係者との連携を密にしていくことが大切である。担任と生徒・保護者との信頼関係が、日頃からできていることは、特に重要であり、家庭に一歩も二歩も踏み込んで、指導していくことが必要な場合もある。

　さらに、問題に対して迅速に対応していくため、本人及び周辺地域からの十分な情報収集が必要である。そのためには、校長・副校長のリーダーシップの下、各主幹や主任と生活指導部、保健部等の分掌組織が連携して、学級担任をサポートしていく体制が重要である。

全教職員が、誰一人、加害者にも被害者にもさせないという共通意識をもたなければならないということである。
このような教育活動を学校として普段から行っていくことが必要になるが、本事例の具体的な解決の一例として次の方法を示す。
①問題が分かった段階で、十分な情報収集を行う。
②双方の保護者を呼んで、今後に向けて、家庭の責任を明確にしつつ、2人を温かく、かつ厳しく育てていく認識をもってもらう。
③保護者とより一層の連携を図り、2人の社会自立を目指していく。
④個別の指導を適切に行う。

■アドバイス

近年、知的障害が軽い生徒を中心に、生活指導上の課題が複雑化してきている。過剰な情報の中で、思春期を迎え、好奇心や性的関心の高まりもあるが、警戒心が弱い、異性との距離の取り方が分からない、断ることが苦手である、コミュニケーション能力が不足しているなどから、社会的トラブルに発展してしまうことが少なくない。

指導に当たっては、保護者も困っていたり、悩んでいたりする状況があることを理解し、学校と家庭と関係機関が連携し、個別指導を継続していくことが大切である。また、担任一人に任せきったり、生活指導部だけでの対応としたりすることなく、生徒のさまざまな要因や背景をふまえて、適切な対応に心掛けることが肝要である。

■国の指導等

中央教育審議会の「次世代を担う自立した青少年の育成に向けて―青少年の意欲を高め、心と体の相伴った成長を促す方策について―（答申）」（平成19年1月30日）は、青少年の生活習慣の乱れや体力の低下、特に、青少年の学ぶ意欲や自主的、主体的に取り組む姿勢について課題があるという指摘に対して、青少年が次代を担う自立した人間として成長するために、行動の原動力である意欲を高め、心と体の相伴った成長を促す方策を答申したものである。具体的には、以下5つの提言が示された。
・家庭において家族全員の関与や家事分担などによる生活体験の充実を図ること

・全ての青少年の生活圏内における多様な体験機会を提供すること
・地域の大人が親や教師に次ぐ「第三の保護者」として積極的に青少年に関わること
・それぞれの青少年の成長段階や悩みに応じた、いわばガイダンスの発想に立った指導や支援に取組むこと、また、学校相談体制の充実を図ること
・有害情報の排除や携帯電話へのフィルタリングソフトの標準設定が必要であること

　また、東京都においても有害情報対策として、平成17年3月の「東京都青少年の健全な育成に関する条例」の一部改正により、大人が責任をもって青少年を保護し、育成するため、インターネット上の有害情報を除去するフィルタリングの普及、青少年に慎重な性行動を促す環境の整備、青少年を健全に育成する保護者などに関する規定を設けた。さらに、その後も携帯電話からのインターネット利用が急速に拡大する一方、フィルタリングの普及が進まず、早急な対応が求められることから、平成19年3月、携帯電話などの販売事業者に対しても、フィルタリングの告知・勧奨を求める条例改正を行ったところである。

事例解決策2　学校事故の多い学校（特別支援学校）

事例

　A校は肢体不自由特別支援学校であり、教職員の異動が比較的多く、初任者として学校に着任した教職員が全体の約半分にも及んでいる。そのため、なかなか学校の継続的な取組が定着せず、引き継ぎがなされていかないことが課題となっている。

　A校では、5年前、続けざまに大きな学校事故が起こった。その後の事故対応が悪く、生徒の保護者は未だに学校に対して不信感をもっている状況である。また、この不信感は全校保護者にも波及し、歴代PTA会長は、常に学校に目を光らせなくてはいけないと公言するほど、学校への強い不信感をもっている。

　教職員は、学校事故が起きないよう、日常気を付けているが、それ以降も事故はなくなっていない。この5年間は、大きな事故ではないが、年4、5回は学校経営支援センターに事故報告を提出している状況である。

■視点

　学校は児童・生徒にとって安全な場所でなければならない。保護者にとっては、自分の子供が怪我をすることはもちろん、危ない目に遭うことすら許せないことであり、それが学校に対しての大きな不信感につながってしまうことがある。

　A校では、いつまでたっても事故が続いていることで保護者の不信感が続いている。このことを詳細に分析してみると、

　①同じような事故が、複数の学部、学年で再度起きている。
　②校内での事故報告が、教職員にしっかりと伝わっていない。
　③事故当事者の教員が事故報告をしないで、事情に疎いケース担当者が事故報告を行う。
　④事故対応マニュアルはあるが、その通りに行われず管理職への事故報告が遅くなる。
　　などの問題点があることが分かった。

■解決策
① Plan（計画）
　まず、学校経営計画に事故をなくすことを経営目標の重点として明記する。学校経営計画は教職員の教育活動の目標となるとともに、教職員の校務分掌の考え方の基にもなる。校長が、学校経営計画の中で学校事故をなくすという固い決意を示すことから始めることが重要である。
　次に、主幹（生活指導主任兼務）には、生活指導部に指示し、年間計画作成時において、何月に、何を行うか、具体的な計画を立案させる。A校では、教職員の意識改革、事故対応マニュアルの見直し、事故報告の活用の三本柱を基本に定めた。具体的には、4・5月中に事故対応マニュアルの見直し、7月・12月・3月に新たに定めた「ヒヤリハット報告」の集計と改善点の提示と学期ごとに行われる学校保健委員会への報告、7月・12月の長期休業中の事故対応訓練を実施した。
② Do（実行）
　A校では、事故対応マニュアルの見直しを行い、事故が起きたとき、すぐ管理職に連絡が行かないことを重視し、事故が起きたとき、すぐに管理職に連絡すると同時に、事故の連絡を受けた保健室からも二重に連絡が行くように改めた。また、事故報告書の作成は、当事者である教職員が作成し、全教職員への報告もその教職員が行うようにした。学期ごとにまとめたヒヤリハット報告の集計は、事故にならなかったけれども、もう少しで事故になりそうだった事例を洗い出し、そこに潜む原因と改善点を全教職員で確認することに役立てた。事故対応訓練は、特に、摂食中の誤えん事故、トイレ指導中の転倒事故について訓練を行った。その訓練の中で、連絡方法の確認、周りの教職員の動きの確認、他の児童・生徒の把握の確認等を行い、全教職員で反省も行った。
　また、毎月の職員会議で、指導部集計の事故報告のまとめについて、管理職から解説を入れながら伝達し、学校内で生かすよう周知徹底を図った。
③ Check（評価）
　A校では、学校経営計画の具現化を図るため、マネジメントプログラムシートを作成した。これは、学校経営計画の「今年度の取り組み目標と方策」について、担当部署が責任をもって具体的な計画を立て、それを一つのシートにまとめたものである。学校事故に関しては、生活指導部が具体的な

計画を立案した。そこで、主幹は作成されたマネジメントプログラムシートに基づき、9月・2月に計画の進捗状況の評価を行った。生活指導部が立案した計画について評価を行い、計画が遅れている場合は再度計画を立て直させ実施を促す。また、生活指導部が立てた三本柱が具体的計画で実現できているかの評価も行った。

　保護者は、校長の学校経営計画をしっかりと読んで、どのような学校づくりを行うのか、そのためにどのような取組を行うのか関心をもってみている。A校は、小さな取組の積み重ねにより教職員の意識改革を促すことで、学校事故は激減していった。ヒヤリハット報告を含めた事故報告は、学期ごとの保健委員会への報告と同時にPTA役員会へ報告され、全保護者へも報告された。また、学校運営連絡協議会でも報告をした。このことにより、学校経営計画に示された学校事故をなくす取組が評価され、保護者の学校への不信感も徐々に取り除かれていった。保護者の信頼を取り戻す取組は、不信をもたれている原因を分析し、計画性をもってなくしていくことが一番であると考える。

■アドバイス

　学校事故を皆無にすることは極めて困難である。しかし、教員が、子供一人一人の実態を把握し、行動を予測するとともに、常に事故がおきる危険性を意識して指導に当たることが大切である。特別支援学校の管理職の多くは、第一に子供の安全に留意することを重要視している。その基盤があって初めて、指導が成り立つのである。

　また、保護者とどんなに深い信頼関係があっても、一つの事故でその関係は大きく変わってしまう。そして、場合によっては、何年にもわたる損害賠償や裁判の対応があるということを、全ての教職員が意識してほしい。

■国の指導等

　文部科学省は、平成16年1月20日、「学校安全緊急アピール―子どもの安全を守るために―」を発表した。関係者には、事件や事故はいつ、どこでも起こりうるという危機感をもって、様々な対策を意図的に講じていかなければ学校の安全は確保できないという認識の下、緊張感をもって子供の安全確保に取り組むよう提言している。

また、保護者、地域社会、警察・消防・自治会・防犯協会等の関係機関・団体にも、学校や子供の安全をめぐる危機的な状況を理解し、協力を依頼している。
　具体的には、「学校安全に関する具体的な留意事項等」の中で、実効ある学校マニュアルの策定、学校安全に関する校内体制の整備、教職員の危機管理意識の向上、校門等の適切な管理、防犯関連設備の実効性ある運用、子供の防犯教育の充実、日常的な取組体制の明確化を明示するとともに、設置する学校の安全点検の日常化と教職員に対する研修の実施の重要性を指摘している。

事例解決策3　保護者からの教員の専門性についての苦情（特別支援学校）

事例

　A知的障害特別支援学校は、毎年、教職員の異動が多く、特別支援学校教諭免許状取得者が40％程度である。未取得者には、毎年、認定講習等を勧めてきているが、特別支援教育の高い専門性を有する教員が少ない状況である。

　最近、自閉症を併せ有する知的障害の児童・生徒が増え、教室環境の整備や、教材・教具の工夫、行動障害への対応などの専門性が問われるようになってきた。

　校内研修などでも、大学教授や発達心理の専門家を招聘し、自閉症の児童・生徒の指導について研修を実施しているが、保護者の方が自閉症について詳しいことも少なくない。

　高等部1年の男子生徒Bは、体格の良い自閉症の生徒であり、特別支援学校教諭免許状取得中の教職3年目の男性教員Cを担任とした。しかし、2学期頃から、保護者がこの教員の指導について、連絡帳で苦情を述べることが多くなった。

　苦情の内容は、校門近くの流し場のホースへの強いこだわりに対して、強引に教室へ連れて行くこと、1日の授業の流れを、朝の会で写真や絵で示して欲しいと伝えても、声だけで説明していること、パニックになってしまったときに、正座をさせることなど、専門性を疑うような指導内容・方法に関する指摘であった。

　副校長や主幹が授業観察や週ごとの指導計画への助言で幾度となく指導をしても、かえって反発し、まったく改善がみられなかった。

　12月になり、授業中、本生徒がパニックになり、C教員は羽交い締めにして強引に座らせようとした。しかし、生徒は外に飛び出そうとして、その際ドアのガラスを割って、右上腕を10針縫う大怪我をしてしまった。

■視点

　特別支援学校は、児童・生徒の障害の状態に応じた専門的な教育を行う場である。保護者も家庭での子育てに困っていたり苦労していたりする状況があり、家庭と学校とが協力して、障害に応じた養育や指導を展開していくことが必要である。

また、保護者は、学校の専門性を強く期待していることから、自分より専門性が少ない教員には、信頼がもてないものである。まして、自分の子供が教員の未熟さにより怪我をしたり、危ない目に遭ったりすることは犯罪行為に等しいと考えることも心情的に理解できる。
　A校は、これからの特別支援教育体制の構築に向けて、一番大切な「教育の専門性」という品質が問われる。教員個人のレベルだけでなく、学校全体での高い専門性の確保とその提供について、大幅な業務改善が必要と言える。

■解決策
①学校経営計画の中での指導方針の明確化
　まず、校長が学校経営計画の中で、どんな障害の児童・生徒に対して、どのような指導方針をもって指導するのかを明確に示しておくことが大切である。
　また、年度当初の職員会議で、学校の一貫した指導原理や指導法を、全教職員が共通理解する必要がある。
②保護者と教員の合同研修会の開催
　障害についての最新の情報は、保護者も知りたいものだ。個別の事例に関する研修以外は、保護者や地域へも公開して、情報を共有するようにする。また、保護者等と同席により、教員の意識や姿勢も変わっていく。
③授業力向上プログラムの導入
　教員一人一人の専門性を高めていくことが一番重要な課題である。初任者研修や2・3年次研修、4年次授業観察、10年経験者研修等を核にした個別の研修の充実とともに、主幹を中心に特別委員会やプロジェクトを発足させ、基礎的な技能や障害別の指導の工夫などを共有していく取組を導入する必要がある。
　全教員に、指導法のワンポイントや各種研修会参加報告をA4判用紙1枚にまとめさせ、バインダー式の冊子にして全教員に配布することも効果的である。
④個別指導計画作成・評価への保護者の参画
　すでに、システムとしては、全ての特別支援学校で保護者の参画ができているが、その方法については、各校まちまちのようである。担任が個別面談

の延長として短時間で希望を聞き取るような方法ではなく、特別支援教育コーディネーターが中心となって、正式な会議として運営していくことが望まれる。

⑤共通教材・教具の使用

　特に、自閉症の児童・生徒には、コミュニケーションボードなどの視覚的な教材・教具を工夫して指導をしている学校があるが、学年や教員が変わると、教材等も変わってしまい、児童・生徒が混乱することもある。研究部が中心となって、学校全体で、教材・教具を共通化・共有化させることが大切である。

⑥連絡帳の記載について

　最近、保護者から連絡帳の記載内容に関する苦情が増えてきている。

　学校で子供ができたことの記述が少ない、成長を喜ぶ姿勢が感じられない、事務的な記述や粗雑な記述が目立つ、字が汚い、誤字が多い、保護者の質問に答えてくれないなど、内容は様々である。

　場合によっては連絡帳の記載内容から大きな問題が生じる危険性があるので、学年内や担任間で点検し合うなどの校内体制づくりが必要である。

■アドバイス

　保護者にとって、特別支援学校の最大の魅力は、教育内容の専門性の高さである。そして、子供の成長や発達が確実に見えることである。また、特別支援学校の教員に対する期待は、子供の障害や状況を十分に理解してくれているという信頼感でもある。

　自分からははっきりと意思表示ができなかったり、説明ができなかったりする子供たちが多い特別支援学校において、管理職は、保護者からの苦情や要求に対して、真摯に対応するとともに、事実を確かめ、丁寧に伝えていく姿勢が大切である。

■国の指導等

　中央教育審議会教員養成部会「特殊教育免許の総合化について（報告）」（平成17年4月22日）では、特殊教育免許の総合化に関する基本的な考え方を示している。

　新たな免許状の在り方と求められる資質能力については、障害のある児

童・生徒等の教育に関する基本的な専門性を構築しながら、各障害種別に対応した専門性を確保しつつ、LD・ADHD・高機能自閉症等を含めた総合的な専門性を担保する免許状とすることが適当であるとしている。

　また、特殊教育免許の総合化により新たに創設される免許状で担保すべき資質能力としては、特別支援教育全般に関する基礎的な知識、障害のある幼児、児童又は生徒の心理、生理及び病理に関する一般的な知識・理解、障害のある幼児、児童又は生徒の教育課程及び指導法に関する深い知識・理解及び実践的指導力（重複障害児の指導に関する知識・理解を含む）、小・中学校等の支援のために必要なLD・ADHD・高機能自閉症等に関する知識・理解及び実践的指導力などをひと通り身に付けた上で、新たに創設される「特別支援学校」の教員として、他の特別支援教育担当教員とチームを組み協力しながら、様々な障害のある個々の児童・生徒等への教育を、著しい支障がなく担任できる資質能力であることを中心として捉えることが重要であるとしている。

事例解決策4　特別支援教育コーディネーターへの苦情（特別支援学校）

事例

　A知的障害特別支援学校は、3区を通学区域とした小・中・高等部設置校である。
　校長は、特別支援教育のセンター的機能を充実させるため、17年度から地域支援部の組織を、校務分掌に新たに位置付け、3人のベテラン教員を特別支援教育コーディネーターの専任として指名した。
　3人は、地域の小・中学校からの依頼に応じて、巡回相談や巡回指導等を始め、各区教委からの信頼も徐々に深まり、順調に展開されてきた感があった。また、外回りの職務が中心のため、服務面や業務報告については、副校長が留意して管理・監督をしていた。
　しかし、2学期になって、ある小学校からの転学相談を進めていた保護者から、特別支援教育コーディネーターが、小学部の指導体制が十分ではなく、特別支援学校への転学は受け入れにくい旨の電子メールを送ってきたとの苦情がよせられた。

■視点

　特別支援学校における特別支援教育コーディネーターの職務は、大きく3つある。
（1）地域における関係機関とのネットワークにおける連絡・調整に関すること
（2）特別な教育ニーズのある児童・生徒や保護者及び教職員等の理解に関すること
（3）多様な障害のある児童・生徒等の教育実践の充実に関すること
　このような職務の中では、具体的に、地域の小・中学校に在籍している障害のある児童・生徒の指導や進路に関する相談もあるだろう。
　授業を観察したり、個別の教育支援計画の作成や評価に協力したり、個別指導の内容や方法、また、教材・教具の工夫について助言することもある。
　しかし、就学相談や転学相談については、専任の担当者が対応するものであり、特別支援学校への入学や転学を希望する場合には、区市町村教育委員会と、東京都特別支援教育推進室を通して、保護者の悩みや心配に対応して

いかなければならない。現行では、特別支援教育コーディネーターは、この件については職務外であることを、きちんと認識させておかなければならない。

また、就学措置に関する個人的な発言や意見は、慎むべきであるとともに、校長・副校長への連絡・相談なしに安易に電子メールを保護者へ送るなどの行為は許されるものではない。

■解決策
解決のポイントは、特別支援教育コーディネーターの職務についての十分な研修及び就学相談のシステムの理解、さらに電子メール等新たな通信手段の普及による保護者との連絡等の在り方の見直しである。

（1）特別支援教育コーディネーターの職務についての研修の充実

特別支援教育コーディネーターを校務分掌として位置付けるだけでなく、職務内容を明確に示しておくことが必要である。

学校内の教職員全体の特別支援教育に対する理解のもと、学校内の協力体制を構築するとともに、地域の小・中学校及び特別支援学校と関係機関との連携協力体制の整備を図っていくことが重点となる。

特に、特別支援教育コーディネーターが専任として、授業を受けもたず、または軽減して地域支援の職務等に専念できるということは、他の教職員の協力や応援がなければできない。特別支援教育コーディネーターは、特別支援教育に関する高い専門性とともに、学校組織の中での立場や役割の違いということを十分認識して、職務に当たる心構えをもたせることが重要である。

（2）就学相談についての研修

特別支援教育コーディネーターは、保護者や関係機関に対する学校の窓口として機能することが期待されている。しかし、現在、就学相談や転学相談に関しては、校内で別組織をつくっている学校がほとんどである。特別支援教育コーディネーターが、小・中学校を訪問したり巡回したりするとなると、具体的な相談を受けることが多くなるかと思うが、きちんとシステムを分けておかないと混乱を生じてしまうことになる。

就学相談に関しては、その担当となる教職員に任せてしまいがちなので、全教職員が、そのシステムをきちんと理解できる校内研修を実施するととも

に、誰でも相談された時に説明できるような分かりやすいリーフレットなどを作成しておくことも大切である。
　(3) 保護者等との連絡手段・方法等に関する見直し
　本事例だけではなく、最近、連絡帳や電話、電子メールなどに関する苦情が増えてきている。
　特に、電子メールは、その手軽さ、速さなどにより、教職員が保護者や児童・生徒との連絡に利用することが増えている。
　しかし、手軽さと裏腹に、重大な信用失墜になってしまう危険性をはらんでいる。必ず管理職の承認を得てから送付するなどの対応が必要だ。
　また、適切な表現内容等を校内研修で実施するなどの対応も急務である。

■アドバイス
　特別支援学校の特別支援教育コーディネーターは、特別支援学校のセンター機能の中での新たな職域である。しかし、その活動内容としては、地域の小・中学校への指導助言など、指導主事の職務に匹敵する専門性が求められることもある。コーディネーターの発言や情報の重要性を鑑み、学校の代表として、また、学校の顔としての意識をもつことと、管理職にきちんと業務報告をするような体制整備に心掛けて欲しいものである。

■国の指導等
　文部科学省より、平成16年1月30日、「小・中学校におけるLD（学習障害）、ADHD（注意欠陥／多動性障害）、高機能自閉症の児童生徒への教育支援体制の整備のためのガイドライン（試案)」が公表されている。その中で、特別支援教育コーディネーター養成研修について、その役割、資質・技能、及び養成研修の内容例が示され、特別支援学校の特別支援教育コーディネーターには以下のような業務や資質が必要であるとして例示されている。
○連絡・調整に関することについては、地域における関係機関とのネットワークの構築に関することとして、協力関係を推進するための情報収集、情報共有、交渉力や人間関係調整力、ネットワークの構築力が求められるとしている。
○特別な教育的ニーズのある児童生徒や保護者の理解に関することについて

は、障害のある児童・生徒、特に学習障害、注意欠陥多動性障害等の発達障害の理解、障害のある児童・生徒、保護者、担任との相談、カウンセリングマインドが求められるとしている。
○障害のある児童・生徒など教育実践の充実に関することについては、障害のある児童・生徒の教育に関係する知識として、関係する法令や教育課程や指導方法（特に学習障害、注意欠陥多動性障害等の発達障害）、また、個別の教育支援計画の作成・実施・評価として、少人数指導や個別指導などティーム・ティーチングの活用等の指導助言の必要性が示されている。

第4章 ● 生活指導

事例解決策5　生活指導に追われる学校

事例

A校は都心にある全日制の普通科高校である。学力的には都内の普通科高校では下位に位置している。生徒は、明るく社交性があるが、基本的生活習慣や授業態度にだらしなさが目立ち、服装や頭髪でも地域からの評判はよいものとはいえない。多くの教員は、日々の生活指導に追われ、疲労感も大きい。職員室の雰囲気は、様々な課題解決が進まないことを、生徒自身や家庭の教育力不足などを理由にし、学校として自ら課題解決に向けて積極的に取り組もうとする意欲は感じられない。

着任2年目の校長は、自校の学校改善の基本は授業であり、それを支えるのは生活指導であるとの視点に立ち、生活指導の充実を今年度の学校経営計画の最重要課題としている。

■視点

学校の教育活動の中で、生活指導と学習指導は密接な関係にある。学習指導を通して生活指導が推進されるとともに生活指導の推進により学習指導の充実が図られるものである。このため、生活指導と学習指導は、車の両輪のような重要な役割を果たしていると言える。

このような生活指導の充実を図る上で、教員は生徒理解に努め、教員と生徒の信頼関係や生徒相互の好ましい人間関係を育てることが大切である。このため、学校の生活指導上の課題とともに、各学校の生徒の特性や問題点を把握した上で、それぞれの生徒に対して個別的・積極的な指導・援助を行っていくことが重要である。

■解決策

A校において、月別にどのように対策を行ったのかの具体例を示す。
（1）Plan　生徒の実態把握と年間指導計画作成

A校では、生徒アンケート、個人面談等を実施し、生徒の基本的生活習慣、規範意識、家庭学習時間等を調査した。自校の生徒の実態を把握し、その課題を明確にし、どのように改善を進めるかを生活指導部が中心となり、前年度中に計画を作成した。具体的な指導の重点テーマは、①今年度は生徒

理解に関する校内研修の実施　②授業遅刻・中抜けの担任への逐次報告と指導　③授業規律の確保に向けた指導の徹底　④校門による頭髪指導の徹底、の４点を掲げ、具体的数字を挙げた年間指導計画を作成した。４月当初の企画調整会議では、生活指導部で作成した年間指導計画をもとに、学年主任から各学年の実態を報告して協議を行った。

(2) Do　組織的・計画的な生活指導の実施

　生活指導主任（主幹）を中心に、生活指導部と学年が連携した曜日ごとのチームを作成し、４、５、６月を頭髪指導強化月間とし、校門による指導を実施した。４月下旬に、生徒アンケートや個別面談の結果から見いだした課題とその改善策について、外部講師を招いての校内研修を実施した。

　また、５月には、携帯、食べ物、私語、立ち歩き、遅刻・中抜け等の授業規律に関するチェックポイントを作成し、授業の担当教員が指導を徹底するとともに、その状況に応じて授業後に担任や学年主任に報告した。そして、その日のうちに学年としてクラスや個人に対して指導を行うことを第１学年が取り組んできた。同時期に実施された管理職による授業観察においても、同様のチェックを行った。

(3) Check　評価

　７月に教務部が中心となり、生徒による授業評価を実施した。生徒自身の評価項目に、「授業規律」「学習態度」「授業規律への貢献」「私語・食べ物」を設けて評価した。授業者への評価項目として「授業規律改善への指導」「学習態度改善への指導」「私語・食べ物等への指導」を設けて評価した。

　さらに、遅刻・中抜け・頭髪指導の回数などのクラス別・学年別の集計結果を月ごとにまとめ、指導の成果を評価した。

(4) Action　改善策と校内研修

　８月に評価結果をまとめ、生活指導が授業改善にどれほどの効果を上げたかを検証し、その改善策（２学期の生活指導の重点テーマ）をまとめ、今後の取組について外部講師を招いての校内研修を実施した。さらに、12月に生徒による授業評価を再度実施した。

■アドバイス

　日常の教育活動等に関する情報を整理し、その情報をもとに目標の達成状況や達成に向けた取組の状況を把握し、自己評価することは大切である。さ

らに校内だけの評価ではなく、外部評価委員会を設置し、自己評価が適切であったかを評価する組織を作ることも重要である。学校は、評価結果に示された改善方策に基づき、教育活動等の改善を行っていく。以下に PDCA のマネジメントサイクルでその方策例を提示する。

学校評価による PDCA サイクル
 (1) Plan
　・中期と単年度の目標を、できるだけ明確かつ具体的に設定する。
　・前年度の改善方策等を次年度の目標設定に反映させる。
　・目標はできるだけ重点化する。
 (2) Do
　・生徒の知・徳・体の成長を目指した教育活動等を行う。
　・教育活動等に関する情報・資料を日常的・組織的に収集・整理する。
 (3) Check
　・生徒、保護者、地域住民から寄せられた意見や要望、アンケート結果も活用する。
　・収集した事例や予め設定した指標を用いて、目標の達成状況や達成に向けた取組の状況を把握・整理して評価する（自己評価）。
　・評価結果は、自己評価書にまとめ、学校便りやホームページへの掲載などにより、広く説明・公表する。
　・設置者は、外部評価委員会を設置し、外部評価委員会は、自己評価が適切かどうかなどを評価する（外部評価）。
 (4) Action
　・学校は、評価結果に示された改善方策に基づき、教育活動等の改善を行う。
　・設置者等は、学校の状況を把握し、学校に対する支援や条件整備等の改善を行う。

■国の指導等（平成 18 年 7 月　文部科学省「学校評価」から）
　文部科学省は、学校設置基準に基づいて、学校運営の改善等のために学校評価を推進している。
 (1) 学校評価の必要性
　①教育の質の保証・向上

教育委員会などが学校評価の結果に応じて、学校に対する支援や条件整備等の必要な措置を講じることにより、一定水準の教育の質を保証し、その向上を図る。
②信頼される開かれた学校作り
　　　自己評価及び外部評価の実施とその結果の説明・公表により、保護者、地域住民から学校運営に対する理解と参画、協力を得て、信頼される開かれた学校づくりを進める。
③学校運営の改善
　　　目指すべき成果とそれに向けた取組について、目標を設定し、その達成状況を把握・整理し、取組の適切さを検証することにより、組織的・継続的に学校運営を改善する。
(2)　学校評価のメリットの例
①教育活動の改善
　・保護者のアンケートから、学力向上への要望が強いことが分かり、学力の実態をもとに教材の特性を生かした授業改善の方策づくりや、読み、書き、計算に関する学校全体の系統的な取組を見直すことができた。
　・生徒のアンケートから、自然体験や宿泊体験など体験活動への期待度が高いことが分かり、学校行事を重点化するなどの判断材料となった。
②教職員の意識改革
　・生徒による授業評価から、授業への満足度が低いことが分かり、授業力向上に向けた研修の必要性を感じ、より積極的な授業公開や授業方法に関わる実践の交流を進めた。
　・外部評価者の意見を聞いて、本校のよさや今後取組むべき課題、教職員としての使命についてのヒントが得られた。このため、本校の課題であるキャリア教育に関わる学習会や、教員の意識改革に関する意見交換を行うこととした。
③保護者や地域住民の学校への協力
　・アンケート、PTAや学校評議員の会合などを通して、保護者や地域住民が、学校教育活動や学校運営に関し、気軽に声を寄せるようになった。

・学校の取組の報告や学校評価の結果の公表をきっかけに、保護者や地域住民が、学校に協力しようとする気運が高まり、学校ボランティアの試みが始まった。
④教育委員会による支援の充実
・教育委員会は、学校評価を通して、学校の目標、取組、成果と課題を把握し、人事や予算面でタイムリーに必要な支援を行うことができた。
・学校評価によって明らかになった教育課題の解決や、より充実した授業づくりのために、指導主事による校内研修の指導・助言を行った。

事例解決策6　予期しない「いじめ」が発生した学校

事例

　A小学校にB校長が着任した早々、児童間のいじめが起こってしまった。早速、いじめられていた児童のC保護者には、学校に来てもらいB校長、D副校長、クラス担任のE教諭が説明をした。しかし、後日C保護者は、いじめの事実や対応について、十分に説明がなされていないとして、E教諭に更に詳しい説明をしてほしいと要望した。クラスの他の保護者からも、いじめは重要な問題なので、クラスの保護者全体に説明をしてほしい旨の要望があった。E教諭はB校長やD副校長には報告はしていなかった。

　数日後には、D副校長にもC保護者から要望について直接の電話があった。D副校長は、クラスの問題であり、児童一人一人の詳しい情報を持っている担任のE教諭に任せてあるので、もう少し時間がほしい旨伝えた。報告を受けたB校長はE教諭に「どのように対応をするのか副校長とよく相談をして、指導内容をすぐにC保護者に伝え、理解を得るようにすること」を指示した。

　数日後、C保護者からどのようになっているのかとB校長に問い合わせがあった。E教諭から1度だけ連絡が入ったが、一方的に指導の内容を説明して、児童の最近の学校での様子の話もなく電話を切ってしまったということである。またクラスの他の保護者からは、いじめについて、児童の実態に合っていない指導が行われているとの苦情が上がってきた。

　結果的に、C保護者のみならずクラスの多くの保護者の感情を害してしまい、信頼を失いかけている状態になってしまった。B校長は、いじめの問題が起こると、副校長時代には教員を指導して、また、教員の時代には、迅速に保護者と連絡をとり、保護者と連携して対応したので、このような事態になることは思ってもみなかった。

　学校の記録を見ると、保護者会や公開授業等の学校行事を行っても保護者や地域住民の参加者が少なく、保護者や地域住民に学校の教育方針や教育活動について説明が十分でない状況である。多くの教職員は、生活指導上の問題や保護者への対応は問題が起こった場合には、担任教員が対応すればよいと考えている。

第4章 ● 生活指導

■視点

いじめを発見したら、迅速に対応することが必要である。しばらく様子を見てからというのでは、保護者は納得しない。また、いじめを受けた児童のケアだけでなく、いじめを行っている児童についても迅速に適切な指導をすることが必要である。さらに、いじめの対応の際には、今までの経験則にのみ頼った指導方法ではなく、状況を把握し、個々の問題に応じて最も効果的な指導内容・方法について十分に検討することが必要である。保護者への連絡に当たっては、学校が一体となり問題を解決していく姿勢を示し、校長の指導の下、事前に話すべき内容を対応者は確認し、保護者へ過剰な不安を与えることがないようにする。

次に、保護者や地域から信頼される学校経営を行うためには、保護者や地域に対して学校経営計画・報告、指導方針や指導の重点、年間授業計画、学校行事計画など様々な情報を積極的に発信し、学校としての説明責任を普段からしっかりと果たすことである。

■解決策

1　保護者との連携

①保護者に正確な事実を迅速に説明する。説明の際には、保護者に担任や学年主任等複数で直接会い、丁寧に説明をする。

②解決策については、保護者の意見を十分に聞くようにして保護者と連携した指導ができるようにする。

③事実関係について保護者から疑問が出された場合は、丁寧に対応する。

2　問題解決対応

①いじめを受けた児童に対し相談体制をつくり、心のケアをしていく。また、全教職員で注意して見守っていく。

②いじめを受けた児童が登校できるようにする。いじめた児童に対して、いじめはいけないことだと理解させるとともに、反省をさせる。

③学級における児童間で集団行動等をとおして信頼関係をつくる。

3　組織的な取組

他のクラスのこととしないで、いじめ等の問題行動に対しては、学校全体で対処する。

①プロジェクト・チームを作り、様々な視点から検討を行い、いじめ防止

への対策を検討する。
②いじめについて、①での検討を受け、全クラスで取り上げて指導を行う。
③保護者から児童の家庭での様子や地域への児童の登校下校時の情報提供の依頼をする。

■アドバイス１
　問題が起こると、短期的に解決をする必要があることから、計画を練らない場合が多い。ここでPDCAが活用されると効果的である。PDCAというと長期的な計画イメージがあるが、短期的にも活用価値がある。まず、情報を分析し計画を立て、迅速に実行して、ある程度進んだらこのまま計画どおり進めていいか評価し、修正していくという流れである。また、紙ベースに計画を示すことで、関係する教職員間で情報を共有できるというメリットがある。

■アドバイス２
　文部科学省では、「いじめ」とは、①自分より弱いものに対して一方的に、②身体的・心理的な攻撃を継続的に加え、③相手が深刻な苦痛を感じているもので、起こった場所は学校の内外を問わないと定義している。人が集まるところで、いじめは起きる可能性があるということを意識すべきである。いじめへの対応は、いじめられた児童・生徒、いじめていた児童・生徒だけではなく、保護者にも協力してもらう必要がある。

■国の指導等
　「ネット上のいじめ問題」に対する喫緊の提案について（リーフレット全文）文部科学省
　いじめ問題に関する取組事例集（国立教育政策研究所）

事例解決策 7　中途退学者が多い学校

事例

　A高校はいわゆる中堅校であり、生徒の中途退学者が多い学校である。入学してくる生徒は、学習意欲もあまりなく、部活動の加入率も低くい。学年が上がるにつれ、服装の乱れも多くなり、登下校時の教員へのあいさつもする生徒は少ない現状である。

　こうした中、生活指導の困難な高校を経験した教員を中心として、教育活動を熱心に行って、多様な生徒に対応しようとしている。一定の成果は上がっているものの、改善が図られないと中途退学もやむを得ないという雰囲気がある。

　どうにかしなければならないと考えたB校長は経営計画で「中途退学者を10％減らす」ことを学校の重点課題とした。この課題に取り組む実効性を上げるために、「中途退学対策委員会」を設置して、早急に、各分掌組織を超えた横断的な実効性のある対応策を検討するようにC副校長に指示をした。

　その後、時間が経っても対応策は提示されなかったため、B校長は、C副校長に検討状況を聞いたところ、検討委員会を設置はしたのであるが、メンバーの教員は、「今までにできることは行っており、それでも成果は上がらない。これ以上検討しても、中途退学者を減らすことはできない。中途退学者を10％減らすということは、実現性がない」という意見が多くを占め、なかなか素案が作成できないとのことである。

　B校長は検討委員会に出席し、教員たちの話を聞いていたが、一般的な話は出てくるが、具体的な対応の話は出てこなかった。B校長は、教員の個人的な経験則にのみ頼った指導は限界があることを話し、生徒全体を変えていくには、組織的な対応が必要なことを話した。しかし、教員は経験則に基づき対応することが多く、具体的な課題への対応策を考えることが難しいように感じとられた。

■視点

　現在、都立高校の中途退学率は減少してきているが、中途退学者を更に減少させていくことは、解決すべき重要な課題である。学校を卒業するということは、生徒や保護者にとって重要なことである。学校の教育方針に合わな

いのなら、従わないのなら中途退学をしてもかまわないという教員の考えはすぐに変える必要がある。また、進路変更や高校生活に熱意がない等、中途退学の理由や原因は様々であるが、その中で、教員の指導や学校と家庭の連携によって、中途退学の防止ができることも多くあることを教職員に認識させるべきである。入学してきた生徒を一人でも多く卒業させるため、教職員が一体となって早急に対策を立て、組織的に実行すべきである。

■解決策
　生徒が学校を卒業するということは、生徒の人生を左右するほどの重要なことである。そのため、生徒の中途退学者を減少させることは、Ａ学校が早急に取り組むべき大きな課題である。中途退学者防止に向けて次のような取組をする。
１　生徒の実態把握
　生徒の興味・関心等が多様化していることから、生徒の実態を正確に把握する。そのために、アンケートを実施するのは効果的であるが、普段の授業や特別活動や部活動から生徒の様々な情報を集約し、生徒の実態を把握する。
２　授業改善
　教育内容を見直しをする。生徒の多様化に対応するようにする。具体的には各分掌を超えたプロジェクト・チームを設置して、次のような検討を行う。
　①学校経営計画
　　　収集した情報を分析し、中途退学防止に対する具体的な数字の設定をする。また、各分掌組織相互に連携するとともに役割を明確にし、学校全体で取り込む。
　②教育課程の編成・実施
　　　生徒の興味・関心がある多様な選択科目の開設をする。生徒は授業に対し、興味・関心がなければ、学校に対して魅力を感じなくなってしまう。
　③指導内容・方法等の改善
　　　分かりやすく、興味が持てる授業の実施し、方法としては、習熟度別学習指導や少人数指導の拡充とともに、授業は黒板を中心とした講義調

のものではなく、ビジュアル的な資料や教材等を活用して、わかりやすい授業を行う。
④教育相談機能の充実
　スクールカウンセラーを活用した教育相談の充実とともに、中途退学防止で成果を上げた学校の教育相談の取り組み事例や実践例の研修が効果的である。
3　外部支援
①学校運営連絡協議会における授業や特色化の外部評価
②授業公開、学校行事等の活用
　保護者や地域の人々に参加してもらい、アンケートを実施し、意見を聴取する。
③学校の情報提供
　学校説明会を活用するとともに、授業公開や出前授業を積極的に行う。特色を示し、スクールカラーを明確にして魅力ある学校にする。

■ポイント
　学校において、経験則中心に教育活動が行われていることが多い。児童・生徒が多様化してきているとともに、保護者や地域の要求を様々になっている。教員の個人的な経験則に基づいた教育活動のみでは、対応できないことが多くなってきている。このことを教職員に認識させ、組織的な対応や臨床心理士等の専門家と連携した対応策の必要性も認識させることが重要である。

【文部科学省の統計】
生徒指導上の諸問題の現状について
・中途退学者の推移

事例解決策8　生活指導に視点をおいた学校改革

事例

　A校は全日制の普通科高校である。学力的には普通科高校の中では、やや下位に位置している。近隣の普通科高校の多くが、改革対象校となって、統廃合が進み、新しいタイプの学校等に変わっている。そのため、結果的に普通科高校の数が減少したこともあり、近隣だけでなく周辺の中学校からも、やや学力が不足している生徒の進学先の普通科高校としてのイメージができつつある。

　生徒は、授業中に騒ぐということはないが、基本的な生活習慣や授業態度にだらしなさが目立ち、服装や頭髪に関しても地域・保護者からの評判はよいとはいえない。喫煙や登校マナーでの苦情も多く学校に寄せられている。

　教員は、日々の生活指導に追われ、疲労感も大きい。このような状況の中、着任1年目の校長は、自校の課題は学校の生活指導だけでなく、旧態依然とした教員の体制やその意識にあると捉えた。そこで、生活指導体制の改革を通して、学校経営の改革に取り組むこととした。

■視点

　A校は、交通の利便があまりよくない場所にある全日制の普通科高校である。

　本来、生活指導の在り方は、授業をはじめとするすべての教育活動で、生徒が安全に、生き生きと活動できる環境を作り、学校生活がすべての生徒にとって有意義で興味・関心深く、充実したものとなるようにすることである。問題行動を起こした生徒の反省を促すために特別に指導をしたり、問題行動を未然に防止するために校則等を規定したりする、いわゆる対症療法的な生活指導が本来の在り方ではない。

　学校は、そのような環境を提供し、生徒はその中での自律的な生活を通して、基本的生活習慣を身に付け、学習に積極的に取り組むことで、確かな学力を自ら獲得していく。教員と生徒の信頼関係及び生徒相互の好ましい人間関係をはぐくむ生活指導の充実は、授業規律を高め、生徒の学習意欲を喚起し、生徒が主体的に学習に取り組むことで学習効果を高めることができる。

■改善策

校長として、次のような改善策を実施していくことが必要になる。なお、改善策については、PDCA により、時系列で示す。

(1) Plan　生活指導主幹を核とする全校的な生活指導体制の確立

A校では、これまでは生活指導について、指導の方向性や指導の体制などについて、学年が主体となって行っていた。生活指導部では、行事や生徒会活動等を主に担当しており、服装、遅刻などの指導は学年が中心となり取り組んでいた。

校長は、生活指導の体制を生活指導主幹が中心に、分掌を基盤とした組織的な体制とすることとした。

校長の学校経営計画に基づき、生活指導主幹が作成した生活指導の年間指導計画を企画調整会議で検討した後、全教員に周知した。

今年度は、校門における服装、遅刻の指導と授業中の巡回による中抜け防止指導を年間の重点とした。さらに、授業への遅刻・中抜け生徒の担任への逐次報告のための連絡メモを作成し、その連携の徹底を進めることとした。

(2) Do　組織的・計画的な生活指導の実施

A校では、生活指導部と学年が連携した曜日ごとのチームを編成し、5月及び6月には、校門での指導を実施した。遅刻の改善の見られない生徒については、担任を通じて、保護者への連絡を行った。

また、5月の中間考査後から、全校で体制を整え、毎時間、2名ずつの教員が校内を巡回し、中抜け生徒等の指導を行った。

(3) Check　評価

6月の保護者会で、生活指導に関するアンケートを行った。その結果を基に、7月の期末考査期間中に、拡大生活指導部会で分析と今後の取組について検討を行った。

また、企画調整会議では、今後の取組と中学校への広報（中学校訪問）の方法について検討した。

(4) Action　改善策と教員の意識改革

校門指導では、遅刻、服装だけでなく、頭髪についても厳しく臨むこととし、9月からは、改善をしない生徒には、別室で授業を受けさせる方向性を生徒・保護者に示した。また、遅刻常習者に対しては、保護者への連絡、学年指導に加え、保護者・生徒への校長訓告を行う指導方針を示した。

このような取組は、多くの学校で行われていることであるが、A校では、初めて取り組めたことであった。さらに、新入生の中学校訪問も始めることとし、新入生の書いた作文とともに、この取組を中学校に紹介をした。この訪問を通して自校の生活指導に対する教員の意識の変革に繋がった。

■アドバイス
　校長の学校経営計画の具現化を達成するためには、学校を組織として機能させることが必要である。そのためには、主幹等を活用し、管理職との意思の疎通を図り、管理職の意向を全体に広めることや、教員の提案を集約して管理職に意見具申する等トップダウン、ボトムアップを展開することが重要である。
　主幹がその機能を十分に発揮するためには、主幹を受け入れる環境が重要であり、学校では主幹会議、経営会議の設置など、主幹同士、管理職と主幹との意思疎通を図る機会を増やすとともに、様々な方策で主幹の位置付けを明確化する必要がある。主幹の意識改革も重要であり主幹の①監督機能　②人材育成機能　③調整機能　④教頭・副校長補佐機能、の4つの機能を再確認し、学校の組織風土や組織的な課題解決能力を改善・向上することが重要である。
　主幹等のミドルリーダーを育成することにより、管理職と教員との情報が流通し、様々な解決策を提示できるとともに、コミュニケーションが図られ、学校全体の活性化を図ることができる。

■国の指導等
　平成18年12月、約60年ぶりに教育基本法が改正され、これからの教育のあるべき姿、目指すべき理念が明らかにされた。また、平成19年1月の教育再生会議第一次報告「社会総がかりで教育再生を～公教育再生の第一歩～」において、教育再生のための緊急対応として、「学校教育法の改正」をはじめとする教育3法の改正が提言された。
　その3法の1つである学校教育法が改正され、平成20年4月1日から施行された。今回の改正のポイントに「学校における組織運営体制や指導体制の確立を図るため、幼稚園、小・中学校等に副校長、主幹教諭、指導教諭という職を置くことができることとする」とある。学校に副校長等の新しい職

を置くことができることとし、組織としての学校の組織力の強化を図るためである。

〈各職の職務内容〉
(1) 副校長
　副校長は、校長を助け、命を受けて校務をつかさどる。さらに、校長から命を受けた範囲で校務の一部を自らの権限で処理することができる。一方、教頭は、校長を助けることの一環として校務を整理するものである。副校長と教頭を併せて置く学校においては、教頭は、校長及び副校長を補佐する立場となる。なお、副校長の資格については、省令において定めることとしている。
(2) 主幹教諭
　主幹教諭は、校長を助け、命を受けて担当する校務について一定の責任を持って取りまとめ、整理し、他の教諭等に対して指示することができる。一方、主任は、校長の監督を受け、担当する校務に関する事項について連絡調整及び指導、助言に当たるものである。なお、主幹教諭を置く学校における主任の取扱いについては、省令において定めることとしている。
(3) 指導教諭
　指導教諭は、学校の教員として自ら授業を受け持ち、所属する学校の児童生徒等の実態等を踏まえ、他の教員に対して教育指導の改善・充実のために指導・助言を行う。指導教諭を設置することによって、個々の教員の授業力が向上し、各学校において優れた教育実践が行われることが期待される。

　設置の趣旨は、校長のリーダーシップの下、組織的・機動的な学校運営が行われるよう、学校の組織運営体制や指導体制の充実を図るため、新たな職として副校長（幼稚園においては、副園長）、主幹教諭、指導教諭を置くことができることになった。これらの新たな職は、任意に設置することができる職であり、その設置については、学校や地域の状況を踏まえ、各地方公共団体において判断されることになる。
　任用に際し、副校長等の新たな職への任用に当たっては、適切な選考を実施し、それぞれの職にふさわしい者が任用されること、選考の基準を要綱等

で定め、公表することなどを通じて、適正かつ公正な選考を行うことが求められる。また、副校長等の職が適切に機能し、各教職員の適切な役割分担と協力の下で教育活動や校務運営が円滑かつ効果的に行われるよう、適正な校務分掌を整えることが必要である。

　処遇に関しては、各地方公共団体において、副校長等を配置する場合には、その職務に応じ、適切に処遇する必要がある。

第4章 ● 生活指導

事例解決策9　生活指導・問題行動の指導が不十分な学校

事例

　A高校は、間もなく開校30年を迎える中堅校である。数年前までは生徒による問題行動が目立ち、そのため、学校として生活指導の充実に重点を置いてきた。毎朝、管理職が率先して校門に立って、あいさつを励行し、授業中や休み時間には教員による校内・校外の巡回を行ってきた。また、指導力のある教員を生活指導部に配置するとともに、関係機関と連携したセーフティ教室を毎学期実施するなど、健全育成の推進を図ってきた。

　その結果、生徒による問題行動は激減し、頭髪や服装の乱れは改善された。また、地域の中学校や保護者から、生活指導が充実した学校として評価されるようになった。

　しかし、問題行動等によって、特別指導を受けた生徒の保護者からの苦情が目立ちはじめ、保護者が直接教育委員会に訴えるケースが出てきた。保護者からの主な苦情は、軽微な校則違反であるにもかかわらず停学になったとか、特別指導のため定期考査を受験できず進級が心配であるなどの内容であった。

■視点

　こうした苦情の背景の一点は、A高校が画一的な生活指導であること、もう一点は、生活指導の方針について保護者への周知が足りなかったことが原因である。

　また、あらゆる教育的指導は、生徒と教員の信頼関係から成り立っているものであり、日頃から、個別面談や教育相談をはじめ、様々な機会を利用して生徒理解を深めなければならない。学校では、こうした指導に関する方針や取組を保護者会や学校だよりなどにより、保護者に十分な説明を行う責任がある。

■解決策

（1）　生活指導における特別指導の在り方の見直し

　特別指導の目的は、罰則を与えたり、従わなければ排除したりすることではなく、生徒に深く反省させ、二度とルール違反をしないという決意をさせ

ることである。校則を機械的に運用するのではなく、生徒自身や保護者から意見や事情をよく聞き、生徒の人権や社会通念に十分配慮して指導に当たらなければならない。特に指導期間の設定にあたっては、生徒の問題行動への反省を促す期間であることを踏まえ、効果的な指導ができる期間とする必要がある。また、あくまでも指導の一環であるから、出席の取り扱いについては十分な配慮が必要となる。

(2) 特別指導の際に留意すること

指導期間中には、面接などの指導を通じて、当該の生徒と教員の心の触れ合いを深め、信頼関係を築くことが大切である。そのためには、時間をかけてじっくりと生徒の意見や考えを聞き取らなければならない。また、指導期間が終了した後は、ホームルーム活動や授業、さらには部活動等の場面で、当該の生徒が長所を生かせるような役割を与えたり、又は活躍できる場面を意図的に与えたりするなど、その成果を誉め、励まし、自信を回復させることが必要である。自分が先生や友人から期待され、認められていると実感することは、どの生徒にとっても必要なことである。

(3) 保護者との連携

学校は、日頃から保護者に対して、生活指導の方針や特別指導の意義・目的を十分に周知する必要がある。このような取組が十分でないと、保護者によっては生徒が自宅での謹慎を、停学であると誤解することになってしまう場合がある。また、進路変更については、退学処分に等しいものと受け止められることがある。

こうした誤解を保護者に生じさせないために、学校として、生徒に対する特別指導が、あくまでも教育的指導の一環であるという趣旨を十分に保護者に説明し、理解を得る必要がある。このようなことを行うことで、保護者との信頼関係を築くことができ、保護者と連携することができるようになる。

■アドバイス

「学年末・学年始めにおける生活指導について（通知）」（平成18年3月3日　17教指高第568号）では、その趣旨を次のように述べている。

「各学校においては、生徒・学生が意欲をもち成就感を味わえるよう授業を充実させるとともに、個別面談や教育相談などを通して、生徒・学生の心の内面を理解し、生徒・学生との信頼関係の確立を図る。また、学年だより

などを活用し、学校の生活指導の方針を家庭に知らせて理解を得るなどして、生徒・学生の健全な生活習慣の確立に努める」

　ここで述べている成就感を味わえるような授業は、学校での学習活動において不可欠なものであり、本来協力体制を組むべき保護者から不信感をもたせず、敵対するような状況にならないようにすることが肝要である。

■国の指導等
　学校教育法第11条に規定する児童生徒の懲戒・体罰に関する考え方を次に示す。
（1）体罰について
　ア　児童生徒への指導に当たり、学校教育法第11条のただし書にいう体罰は、いかなる場合においても行ってはならない。教員等が児童生徒に対して行った懲戒の行為が体罰に当たるかどうかは、当該児童生徒の年齢、健康、心身の発達状況、当該行為が行われた場所的及び時間的環境、懲戒の態様等の諸条件を総合的に考え、個々の事案ごとに判断する必要がある。
　イ　アにより、その懲戒の内容が身体的性質のもの、すなわち、身体に対する侵害を内容とする懲戒（殴る、蹴る等）、被罰者に肉体的苦痛を与えるような懲戒（正座・直立等特定の姿勢を長時間にわたって保持させる等）に当たると判断された場合は、体罰に該当する。
　ウ　個々の懲戒が体罰に当たるか否かは、単に、懲戒を受けた児童生徒や保護者の主観的な言動により判断されるのではなく、上記アの諸条件を客観的に考慮して判断されるべきであり、特に児童生徒一人一人の状況に配慮を尽くした行為であったかどうか等の観点が重要である。
　エ　児童生徒に対する有形力（目に見える物理的な力）の行使により行われた懲戒は、その一切が体罰として許されないというものではなく、裁判例においても、「いやしくも有形力の行使と見られる外形をもった行為は学校教育法上の懲戒行為としては一切許容されないとすることは、本来学校教育法の予想するところではない」としたもの（昭和56年4月1日東京高裁判決）、「生徒の心身の発達に応じて慎重な教育上の配慮のもとに行うべきであり、このような配慮のもとに行われる限りにおいては、状況に応じ一定の限度内で懲戒のための有形力の行使が許容され

る」としたもの（昭和60年2月22日浦和地裁判決）などがある。
　オ　有形力の行使以外の方法により行われた懲戒については、例えば、以下のような行為は、児童生徒に肉体的苦痛を与えるものでない限り、通常体罰には当たらない。
　　○放課後等に教室に残留させる（用便のためにも室外に出ることを許さない、又は食事時間を過ぎても長く留め置く等肉体的苦痛を与えるものは体罰に当たる）。
　　○授業中、教室内に起立させる。
　　○学習課題や清掃活動を課す。
　　○学校当番を多く割り当てる。
　　○立ち歩きの多い児童生徒を叱って席につかせる。
　カ　なお、児童生徒から教員等に対する暴力行為に対して、教員等が防衛のためにやむを得ずした有形力の行使は、もとより教育上の措置たる懲戒行為として行われたものではなく、これにより身体への侵害又は肉体的苦痛を与えた場合は体罰には該当しない。また、他の児童生徒に被害を及ぼすような暴力行為に対して、これを制止したり、目前の危険を回避したりするためにやむを得ずした有形力の行使についても、同様に体罰に当たらない。これらの行為については、正当防衛、正当行為等として刑事上又は民事上の責めを免れうる。
(2) 児童生徒を教室外に退去させる等の措置について
　ア　単に授業に遅刻したこと、授業中学習を怠けたこと等を理由として、児童生徒を教室に入れず又は教室から退去させ、指導を行わないままに放置することは、義務教育における懲戒の手段としては許されない。
　イ　他方、授業中、児童生徒を教室内に入れず又は教室から退去させる場合であっても、当該授業の間、その児童生徒のために当該授業に代わる指導が別途行われるのであれば、懲戒の手段としてこれを行うことは差し支えない。
　ウ　また、児童生徒が学習を怠り、喧騒その他の行為により他の児童生徒の学習を妨げるような場合には、他の児童生徒の学習上の妨害を排除し教室内の秩序を維持するため、必要な間、やむを得ず教室外に退去させることは懲戒に当たらず、教育上必要な措置として差し支えない。
　オ　さらに、近年児童生徒の間に急速に普及している携帯電話を児童生徒

が学校に持ち込み、授業中にメール等を行い、学校の教育活動全体に悪影響を及ぼすような場合、保護者等と連携を図り、一時的にこれを預かり置くことは、教育上必要な措置として差し支えない。

教育コラム

学校における児童・生徒の個人情報保護について

【児童・生徒の個人情報保護の必要性】

　従来、学校外での児童・生徒の個人情報の紛失ということでは、担当する実施済みの答案や成績表（通信簿）などであり、1学級分か担当する児童・生徒の人数の個人情報であった。現在では、パソコン処理が多くなってきているため、電子記録媒体の発達により、千人以上の個人情報や写真情報の紛失ということになってきている。

　個人情報の紛失というと、プライバシーの侵害であった。しかし、最近ではそれに加え、電子記録媒体での紛失は情報を加工される恐れがあるとともに、インターネットを通して公開されると、情報が一遍に広がってしまう。紙情報を落としたのと状況が違うのである。

【学校としての対応】

　こうした状況において、学校では原則個人情報を学校外に持ち出して、事務を行うことは禁止となっていることが多いが、持ち出しを全面禁止にするか、学校外へ持ち出す場合には、一定のルールを作成して、それに従わせるかということになる。

　学校外に持ち出すことを許可する場合には、校長や副校長は、個人情報の内容と理由により判断をすることになる。個人情報が大量である場合や個人情報が集積している場合には、紛失や流失した際のことがあるので、許可はできない。また、単に忙しかったから持って帰るとか、家の方が落ち着くということは理由にならない。生活指導で時間を割いていたため、事務処理ができなかった場合には、情報の内容を考慮して判断することになる。

【教職員への意識付け】

　このことが非常に難しい。教職員の中には自分が担任をするとその個人情報を保存しておく者がいる。電子記録媒体では気軽に、情報を大量に蓄積できるから、ますます、やっかいである。教職員の一人一人の意識改革を行う必要がある。家に当然のごとく持って帰らなければ仕事ができないという認識をさせないことである。もし、児童・生徒の個人情報を紛失してしまえば、社会からだけではなく、児童・生徒、保護者からの信頼を失ってしまう。教職員にとって、一番心が痛むことである。このことを意識させなければならない。

　個人情報の紛失は教員の不注意であることが多い。しかし、教員が注意していても、自宅のパソコンがウイルスに侵されていたら、個人情報が流失してしまうこともある。

> 校長・副校長には、教職員が紛失事故を起こせば処分の対象ともなりかねないので、教職員を守るためにも個人情報紛失の事故を起こさせないようにする責任がある。

第5章

地域・保護者

第5章　地域・保護者

事例解決策1　地域・保護者からの信頼が得られない学校

事例

　A小学校では、最近、4年生のあるクラスでいじめがあったことがわかった。B教諭はいじめがあったことについて、当初はいじめに関わっていた児童から聞き取りを行い、いじめを行っていた児童に対し、いじめは絶対にしてはいけないことを、またいじめられていた児童には、もし再度同じようにいじめられたらすぐに報告するように指導した。B教諭はこのようなことはよくあることであるが、注意していこうと考えた。

　数日後、クラスの保護者会があり、保護者からいじめの経緯や対応について、保護者に対して、十分に説明をしていないとして苦情が出た。B教諭は経験上このようなことはよくあることであり、今後いじめがないよう注意していくと話をしたが、「よくあること」という発言により、保護者たちの感情を害してしまい、B教諭だけの力では解決ができないほどの事態になってしまった。

　そこで、B教諭はC副校長に相談をした。C副校長はすぐにD校長に報告をして、校長からいじめに関係する児童の保護者を呼び、事情を説明して、いじめの概要や指導内容について、児童や保護者に迷惑がなるべくかからないように、クラスの保護者に話をしたい旨、了承をとるように指示があった。保護者たちはD校長、C副校長、B教諭と後日話し合いをもち、今後の指導方法やクラスの保護者会で話す内容の確認を行った。

　数日後、学校運営協議会があり、地域の方から今回のいじめの件で話があり、保護者によく説明してほしい旨の強い要望があった。D校長としては、誠意を持って、丁寧に対応したつもりであったが、このような学校の対応を聞くでもなく、一方的な要望があり、意外であった。D校長は普段から保護者会や運動会、音楽会、公開授業等を行っても、参加者が少ないため、学校を紹介する機会が乏しくなっているとは感じていた。そのためか、教職員の多くは、保護者や地域の行事への参加が少なくても気にとめることもないようである。

■視点

　いじめの問題行動の指導に当たっては、自分の経験則のみによった型に当

てはめた対応ではなく、個々の児童・生徒の状況を丁寧に把握し、保護者と連携を取りながら、対応する。特に保護者と連携では、場合によりいじめた方の保護者といじめられた方の保護者と一緒に問題を解決していくことが重要である。

また、問題があると学校だけに問題の解決を求めてくる風潮があることもあるが、学校への期待が大きいと捉え、保護者や地域から信頼される学校づくりを行うことが重要である。そのためには、校長は、保護者や地域に対して、学校行事など様々積極的に情報発信し、学校を開かれたものにしていくことが求められる。

■解決策

児童・生徒への指導はもちろんのことであるが(第4章　事例解決策6参照)、ここでは直接的な指導以外の視点での解決策を検討する。

①保護者との連携

保護者へは正確な状況を説明する。段階はあるが、まずは担任とそれ以外の教員の複数で、保護者に直接会って、状況について説明して、また保護者の話を十分に聞き、学校と保護者との両者で連携して、問題を解決していく姿勢を示す。

保護者との関係がうまくいかないときには、副校長に相談をして指示をしてもらうことが重要である。また、場合によれば、校長、副校長、担任と保護者で対応することも必要になる。

いじめをした児童の保護者やいじめを受けた児童の保護者は不安になりがちであるが、この不安を丁寧に解消する必要もある。

②教職員の意識改革

経験則のみに頼った指導方法では、児童・生徒への適切な指導は難しくなってきている。そのために、教員は絶えず新しい変化に対応できる指導技術を身に付けることが必要である。そのため校内研修を活用して全教職員に絶えず新しい指導技術の研修を行う。また、研修センターを活用して、教員に専門研修を受講させ、校内研修で研修講師を行わせて、研修内容の共有化を図る。

③地域との連携

本事例では学校は地域から信頼を得ていないことが読み取れる。そのた

め、まず、学校から情報を発信する。情報発信では、図等を使用するとともに、文字数を少なくして、読み側の視点に立った、わかりやすいパンフレット等の作成が必要になる。

また、ある程度連携ができてきたら、地域へ学校のよいことだけではなく、改善すべき課題なども伝えていき、学校外へも協力を求め、学校を真に開かれたものにする。

さらに、学校側から地域行事への教職員の参加を拡大していく。

■アドバイス

学校が地域の協力を頼むためは、相互理解・協力が必要になる。なるべく、学校が地域行事に参加するなど協力をしていくことで、さらに親密になり学校への協力を得ることができるようになる。

事例解決策2　地域・保護者への情報提供が不十分な学校

事例

　A学校は、進学校である。生徒の自主・自立を理由に、制服はなく、自由な校風である。生徒の大半が部活動に加入するなど、卒業生の大半は充実した学校生活を送ることができたと言って、満足度は高い。

　そうした中、地域住民からの苦情が目立ちはじめてきた。地域住民からの主な苦情は、学校の付近に集団でガードレールにすわり、話をしたり、歩道で横に広がって騒ぎながら歩いたりしている、学校ではどのように指導しているのか等である。地域住民からの苦情の対応に当たったB副校長は、A学校の指導について、説明をしたが、納得は得られていない。

　その後も苦情件数が多くなったため、C校長へ報告をした。C校長は早急に対策を練らなければならないと考え、B副校長へ企画調整会議での検討事項とするように指示した。B副校長は「同窓会からは1回も苦情を言われたことはない。本校の自由な校風を同窓会と同じように地域住民は理解してくれないのが原因である」との発言があった。C校長はB副校長に「同窓会は毎日生徒を見ているわけではない。地域の人々は毎日見ているので状況が異なる。それならば、理解してくれないのではなく、理解してもらうにはどうしたらよいかを検討してほしい」旨指示した。

■視点

　学校は、地域からどのように見られているのだろうか。地域が誇れる学校なのか。それとも歓迎されない施設なのか。このことは、学校がどう地域と関わっているかに関係する。学校が地域に開かれていて、理解されていれば、地域が誇れる学校という位置付けになり、協力的である。

　しかし、学校が地域に閉鎖的であれば地域も学校を理解してくれない。学校を理解し、信頼してもらうためには、学校を保護者や地域に開かれたものにしなければならない。

　この学校を開かれたものにする手段として、学校運営連絡協議会や授業公開等により、積極的に情報発信をすることが重要であるということである。

■解決策

本事例では、学校を理解してもらうためには、どのような方策が必要かについて検討する。

学校の教育活動を保護者・地域に十分に理解してもらうためには、次のような取り組みが必要である。

1　保護者・地域住民との理解促進

PTAの活動や保護者会、学校運営連絡協議会が制度としてある。このような制度を使い、保護者・地域住民が意見交換を行う。学校を理解してもらうチャンスである。また、キャリア教育において、保護者・地域住民を学校に招いて講演を依頼したり、また、奉仕体験活動やインターンシップの受け入れを依頼をして、協力を求める。学校において、保護者や地域の方たちが、他の関係者に呼びかけてもらえることもある。広報活動については、学校説明会などでノウハウがある程度はあるが、保護者や地域の人々が学校のどのような情報を学校から発信してほしいのかということへの対応が大切である。保護者や地域の学校近隣の町会、学校にアンケートをとり、情報提供の内容を検討して、相手のニーズに応えていく。

2　保護者・地域住民との連携

学校運営連絡協議会や授業公開等で意見が出た場合、なるべく次年度への改善として取り入れるようにし、取り入れたことを報告する。そのことにより、自分たちの意見が学校教育に反映されることになり、保護者や地域の人々の参画意識が高まり、協力的になる。

3　保護者・地域への情報発信

行事などへの地域住民の招待、授業公開、教員による小・中学校への出前授業、学校通信、ホームページなど、積極的に学校の情報を発信することが重要である。

なお、本事例において地域住民からの苦情には、学校として早急に対応する必要があることは言うまでもない。教育全体の意識改革とともに、生活指導に重点を置くことが重要である。

■アドバイス

〈真に開かれた学校へ〉

生徒の問題行動への対応などでは、学校内のみで解決しようとする傾向が

あるが、保護者や地域に学校が抱えている課題についても情報を発信し、協力を得ることも重要である。このような情報についても知らせていくことにより、真に開かれた学校になる。

　保護者や地域に依頼する場合には、学校においてやれることはやり、できない部分や更なる向上ということで、協力依頼をする。学校がやるべきことをやらないで、依頼をするのでは協力は得られない。

第5章 地域・保護者

事例解決策3 ベテラン教員を活躍させた専門性の高い学校に（特別支援学校）

事例

　A校は小・中・高等部設置の肢体不自由特別支援学校で、教職員は、比較的経験の浅い20代から30代前半の教員層と、40代後半から50代のベテラン層が大半を占めている。

　学校では、初任者研修、2・3年次研修、4年次授業観察、10年経験者研修など、研究授業の機会は数多くあり、研究熱心に見えるが、ベテラン層の授業力を向上させる意識及び機会が少なく、また特別支援教育への転換についても、消極的である。

　校長は、特別支援学校としてのセンター的機能を発揮し、特別支援教育の推進の役割を果たすようにするためには、まず学校を開いて、地域に理解され、信頼される学校改革が必要であると考えていた。そこで、公開研究会を設定し、全員が年間1回は授業を公開することを学校経営方針として打ち出し、ようやく実現に至った。

　しかし、実際の授業は若手が主たる指導者として行い、ベテラン層は補助の役割に隠れてしまう状況があった。若手の教員の専門性とともに、ベテラン層の授業改善への意欲を高め、さらに、センター的機能を発揮できる学校として、個々の教員の資質を向上させることが大きな課題である。

■視点

　授業研究にベテランを参画させ、自らの授業改善に結びつけさせることがポイントとなる。若手の教員の授業を中心に研究が進められることであっても、ベテラン層に一定の責任をもたせ、指導方法について、検討する機会とする。また、一般の参観者にも、特別支援学校の教育の内容を分かりやすく伝えることが必要である。そのためには、ベテラン層の役割を明確にし、積極的に参画させることが重要である。

　また、センター的機能を発揮させるには、地域の小・中学校への支援を一部の教員だけが担うのではなく、すべての教員が、特別支援学校の教育内容や障害に応じた工夫などを説明できるようになることが求められる。これには、交流活動や介護等体験などの場を活用する方法がある。

■解決策

校長として、次の具体策の例を実施していくことが改善につながる。

①公開研究会を通して、教員の授業力を向上させるには、事前の指導案について他者からの指摘を受け、よりよいものに変えていくことが鍵となる。

計画段階では、研究分科会ごとに指導案検討のライン(若手→ベテラン→主任・主幹等)を作る。ベテラン教員を必ずかかわらせ、共同責任として指導案を立案させる。それを、主任や主幹が、課題となる点を指摘し、若手とともに、ベテランに検討させる。

教員全員に指導案を書かせると、見本となる指導案が必ず出てくる。この指導案を他の教員が参考にできるようにする。

また、指導主事の協力を得る方法もある。助言を受けて再検討した指導案は、確実に良いものに変わる。公開研究は、教員が鍛えられるまたとない機会となる。

②ベテラン教員を変えるもう一つの方法は、地域の小・中学校等との交流活動や居住地交流などの場を利用することである。このような交流活動を進めていくためには、担任が児童・生徒の障害や配慮方法を、通常の学級の担任や管理職に分かりやすく説明していかなくてはならない。特別支援学校の担任が、まず出向いていくことで、特別支援学校の教員である自覚と責任を感じ取り、また小・中学校の課題にも直接かかわっていけるようにして、地域の小・中学校等の通常の学級と連携を進めるのは「担任の仕事である」という意識をもたせていくことが肝要である。

また、通常の学級での配慮すべき点等について丁寧に説明する必要がある。障害のある児童・生徒とかかわった経験が少ないと、知らないが故の不安も大きいと思うが、特別支援学校の担任の姿勢一つで、不安を払拭しスムーズな交流の実現が図られる。

そのためには、誠実に丁寧に説明し、場数を踏む中で、説明の仕方も改善され、成果も上がる。全教員が、交流活動や今後の副籍制度の円滑な実施とともに、ノーマライゼーションの推進に向けて、責任をもって一人一人の児童・生徒への支援を行うことにより、特別支援学校の教員も、特別支援教育の専門家として、さらに資質が磨かれることになる。

特別支援学校の教員の地域と連携しようとする姿勢が、小・中学校等の信頼を得て、真に頼りにされる特別支援学校への転換につながる。

また、特別支援学校の種別ごとに設けられている教員免許状が、総合的な専門性を担保する特別支援学校教員免許状に転換されたことに伴い、ベテランを含む現職教員にもこの教員免許状の取得や更新が求められてくる。
　特別支援教育への転換は、特別支援学校の教員の専門性を高める大きな契機になるものである。

■アドバイス
　学年やグループ別の指導で複数担任による指導体制をとることが多い特別支援学校においては、ベテラン教員の役割や機能を発揮させる場があるかどうかは、学校運営上、大きな課題となる。100人程の大規模な職場において、ベテラン教員の長年の経験や得意分野をどのように活かしていくか、また、管理職と立場を変えて、若手教員の人材育成の要として機能させていくか、また、人事考課における対応や処遇については、特別支援学校の管理職の手腕が問われるところである。

■国の指導等
　中央教育審議会教員養成部会は、平成18年7月11日に「今後の教員養成・免許制度の在り方について」(答申)を取りまとめた。概要については事例解決策3の項を参照してほしい。
　また、東京都教育委員会は、平成20年1月24日、「東京都教育ビジョン(第2次)中間まとめについて」を取りまとめ、意見募集を行い、同年5月に「東京都教育ビジョン(第2次)」を策定している。この中で、教員の資質・能力の向上についてもふれ、学校教育の成否は、子供の教育に直接携わる教員に負うところが極めて大きく、これからの時代に求められる学校教育を実現していくためには、教員の資質・能力の向上がますます重要となるとしている。
　都内の公立学校では、今後10年間で教員全体の3分の1にあたる約2万人が退職期を迎えるため、若手教員の役割がこれまで以上に増大するとともに、学校経営を支える人材の不足や学校の課題解決力の低下が懸念されている。
　また、教員の意欲や指導力向上を図るためには、職責、能力、業績を重視した任用や給与制度を構築していくことが課題になっている。

一方、心身の健康面で不安をもつ教員が増加しており、子供の教育を担い、学校経営を支える教員の健康の保持・増進を図ることが課題になっている。
　こうした現状をふまえ、重点施策として「現職教員の指導力向上」を提言している。
　具体的な施策の内容は、以下のとおりである。
・区市町村教育委員会と連携し、初任者研修後も引き続き2・3年次研修等を実施し、若手教員の育成の場である東京教師道場への接続を図るなど、教員の指導力を向上するための取組を進めるとともに、高い指導力を発揮できる教員を学校に配置していく。
・平成20年度に新設される教職大学院へ現職教員を派遣することにより、高い専門性と優れた行政感覚を持つ指導主事、東京都の教育の中核を担い得る教員などを計画的に育成する。
・学校経営や学習指導に関する専門性の向上を図るための研修も実施する。
・教員の健康の保持・増進については、効果的な健康管理を推進するとともに、疾病予防を含めた体系的なメンタルヘルス対策を行う。

第5章 ● 地域・保護者

事例解決策4　特別支援教育体制への転換が不備な学校（特別支援学校）

事例

　A知的障害特別支援学校は、小・中・高等部設置で、児童・生徒数は250余名である。校長はこの4月から着任した。

　年度当初、前任校長との引き継ぎのもとに学校経営計画には「一人一人の障害の特性に応じた指導の充実」と「保護者や地域に開かれた学校」を重点課題として教員に示し、新学期が始まった。しかし、始業式当日から、保護者からの苦情が次々に表面化してきた。個別の教育支援計画を示してくれない、保護者の願いをじっくり聞いてくれないなど、その多くは特別支援教育体制の不備に関する苦情であった。

　教員は、大きく分けて、本校10年以上のベテランの教員層と、早いサイクルで異動する若手の教員層に二分されている。多くはベテランの教員が中心になって、昔ながらの指導方法でのんびりと授業を行っている。

　専門性の面では、特別支援学校教諭免許保持者が40％であり、若手・年配層共に免許を保持していない教員が目立つ。

　保護者からの苦情は、特定の学部や学年に絞られているのではなく、全校に及んでいることが分かった。

■視点

　A校において、特別支援教育体制への転換を図り、保護者の教育ニーズを受け止め、日々の指導に反映・改善していく具体的な方策が不十分であることが原因と考えられる。

　校長は、「一人一人の教育ニーズに基づく指導の充実」を学校経営の根幹に据え、保護者との連携のツールである個別指導計画及び個別の教育支援計画の具体的な活用システムを構築することが急務であり、児童・生徒及び保護者の教育ニーズに応えることのできる教員の育成と校内体制の構築が重要課題である。

■解決策
①個別指導計画及び個別の教育支援計画の活用システムの構築
　特別支援学校においては、個別指導計画及び個別の教育支援計画は全校で

作成・実施されている。

　しかしながら、その作成・実施が、形骸化しているのではないかと思われる学校がある。どの時期にどのような形で、本人及び保護者の意見を聞き取っているのか、それをどのように具体的に指導計画に反映させているのか、管理職は確認していく必要がある。

　「苦情は時間をかけて聞けばガス抜きになり、あとは時間が解決する」ということは誤りであり、苦情には、迅速で具体的な改善策が常に求められるものである。そして、その改善策は、まず個別指導計画・個別の教育支援計画の改善・追加・修正となって実施されなければならない。

　管理職は、保護者の意見を聞く時期、具体策を示す時期、その評価を示す時期等を明確にし、進行管理を行うシステムを構築する必要がある。

②保護者からの相談事例の整理・分析と組織的な対応

　小・中学校においては、配慮を要する児童・生徒については、特別支援教育コーディネーターのリーダーシップのもとに校内委員会で検討され、必要に応じて全校職員に共通理解されるという校内体制が整備されつつある。

　しかしながら、特別支援学校では、保護者からの相談・苦情は担任止まりで、管理職が把握していないことが多くある。

　「相談」というのは、実は苦情の初期段階であり、ここでの対応がトラブルに発展するか否かの分かれ目ともなる。

　保護者からの相談事例は必ず管理職に報告させる体制にし、全校の相談・苦情事例を分析し、学校経営のバロメーターとしていくことが大切である。

③校内研修の充実

　個に応じた指導の充実には、教員にさまざまな情報を与え、幅広い専門性を身に付けさせていくことが不可欠である。

　特に本事例のように、長く勤務する教員が多い学校では、教員は自己の経験の範疇で指導を行う習慣が身に付いてしまっていることが多い。全校での校内研修を活性化させる中で、経験の浅い教員はもちろんのこと、経験年数の長い教員にも、計画的に研修をさせていくことが重要である。

④外部の専門機関との連携

　苦情の対応が長期化してしまう兆しがある時には、校内だけで対応しようとせずに、外部の専門機関との連携のもとに解決していくことが重要である。主治医や就学前の支援施設はもちろん、教育相談センター、児童相談所

などに積極的に関与してもらい、幅広く本人・保護者支援の体制を構築していくことが、よりよい解決につながる。場合によっては、教育委員会への報告も必要になる。

特別支援教育の時代は、児童・生徒一人一人の教育ニーズへの適切な対応が求められる時代である。日々の相談や苦情はまさに一人一人の教育ニーズに他ならない。それらに対応し解決していくことが、学校の教育改革の歩みの、確実な一歩となるのである。

■アドバイス

特別支援学校においても、特別支援教育の推進状況には温度差がある。地域の状況や他の特別支援学校の経営改善などについて敏感に察知していないと、対応が遅れがちになってしまう。

保護者や外部からの苦情の本質を見逃してしまったり、改善の方向性を見誤ってしまったりすることになる。

特別支援教育への転換は、単なる事業改善ではなく、大きな意識改革である。このことを、管理職は十分に認識し、具体的な方策を大胆に展開していってほしい。

■国の指導等

障害者施策推進本部は、平成19年12月25日、「障害者基本計画重点施策実施5か年計画～障害の有無にかかわらず国民誰もが互いに支え合い共に生きる社会へのさらなる取組～」を決定した。

その中で、教育・育成部門での重点施策を以下のように提言している。

一貫した相談支援体制の整備については、個別の支援計画の策定・活用の推進、校内委員会の設置や特別支援教育コーディネーターの指名などの支援体制の整備を掲げている。

専門機関の機能の充実と多様化については、特別支援学校の小・中学校等に対する支援の推進を掲げている。

指導力の向上と研究の推進については、特別支援学校教諭免許保有率の向上、特別支援教育に関する教員研修の促進、障害に関する外部専門家の学校における活用などを掲げている。

社会的及び職業的自立の促進については、特別支援学校と関係機関等の連

携・協力による、現場実習先の開拓・新たな職域の開拓、障害者の職業自立に対する理解・啓発の促進、特別支援学校高等部と連携した効果的な職業訓練の実施、障害学生の支援の充実などを掲げている。

　施設のバリアフリー化の促進については、特別支援教育に係る施設整備計画策定事例の周知を掲げている。

教育コラム

学校における教育活動等の評価及び情報提供への法的位置付け

学校評価及び情報提供とは

学校の教育活動の成果を評価し、その結果により学校の改善や発展させるとともに、結果の説明責任を果たし、家庭や地域に理解してもらい、連携や協力を進めていくことである。

学校教育法の位置付け
【評価】

平成19年に一部改正された学校教育法第42条の規定では、「小学校は、文部科学大臣の定めるところにより当該小学校の教育活動その他の学校運営の状況について評価を行い、その結果に基づき学校運営の改善を図るため必要な措置を講ずることにより、その教育水準の向上に努めなければならない」と定め、学校評価を行い、その結果に基づき学校運営の改善を図り、教育水準の向上に努めるということが定められた。

【情報提供】

また学校教育法第43条においては、「小学校は、当該小学校に関する保護者及び地域住民その他の関係者の理解を深めるとともに、これらの者との連携及び協力の推進に資するため、当該小学校の教育活動その他の学校運営の状況に関する情報を積極的に提供するものとする」と定め、学校の情報提供に関する規定が新設された。

これらの規定は、幼稚園（第28条）、中学校（第49条）、高等学校（第62条）、中等教育学校（第70条）、特別支援学校（第82条）、専修学校（第133条）及び各種学校（第134条第2項）に、それぞれ準用する。

学校教育法施行規則の位置付け
【自己評価の実施・公表】

学校教育法の改正を受けて、学校教育法施行規則も改正された。学校教育法施行規則第66条では「①小学校は、当該小学校の教育活動その他の学校運営の状況について、自ら評価を行い、その結果を公表するものとする。②前項の評価を行うに当たっては、小学校は、その実情に応じ、適切な項目を設定して行うものとする」とし、自己評価の実施・公表を定めた。

【保護者など学校関係者による評価の実施・公表】

学校教育法施行規則第67条では、「小学校は、前条第1項の規定による評価の

結果を踏まえた当該小学校の児童の保護者その他の当該小学校の関係者(当該小学校の職員を除く)による評価を行い、その結果を公表するよう努めるものとする」とし、保護者など学校関係者による評価の実施・公表を定めた。

【評価結果の設置者への報告】

また、学校教育法施行規則第68条では「小学校は、第66条第1項の規定による評価の結果及び前条の規定により評価を行った場合はその結果を、当該小学校の設置者に報告するものとする」とし、評価結果の設置者への報告を定めている。

これらの規定は、幼稚園(第39条)、中学校(第79条)、高等学校(第104条)、中等教育学校(第113条)、特別支援学校(第135条)、専修学校(第189条)、各種学校(第190条)に、それぞれ準用する。

第6章

特別支援教育

第6章 特別支援教育

事例解決策1　センター校の役割への意識改革が困難な学校（特別支援学校）

事例

A校は小、中、高等部をもつ知的障害特別支援学校で、東京都特別支援教育推進計画のエリア・ネットワークの拠点校（センター校）である。校長は、このことを踏まえ、①センター校としての役割を学校経営計画に明記して、②特別支援教育コーディネーター5名を指名し、教務部の分掌に所属させ、③学区域の小・中学校との新たな連携構築、を経営目標の重点とした。

エリアとなる学区域は、複数の区市町村が含まれ、特別支援教育コーディネーターは、各行政の担当部署からの情報をもとに学校とのパートナーシップ計画を作りあげ、校長・副校長の承認を得た上で企画調整会議、職員会議において説明を行った。

しかし、企画調整会議では了解されたものの、職員会議では総論は賛成だが実施内容については様々な意見が出された。教務部会でも関心は強いものの、特別支援教育対象の障害（LD、ADHD、高機能自閉症等の発達障害）に関しては、本校の教員の力量不足という声が多く出た。

こうした中で校長がセンター校プランを学区域内に向けて発表したところ、複数の学校から支援要請や問い合わせがあった。さっそく特別支援教育コーディネーターが対応しようとしたところ、同僚から「私達の仕事ではない」とか、「授業から抜けて地域支援を行うのはおかしい」という声が出され、また保護者からも授業に影響するという懸念の声が出た。

■視点

特別支援教育は、国においては平成15年から、東京都においては平成16年11月発表の東京都特別支援教育推進計画に基づいて実施された新しい教育である。特殊教育の場だけの教育から、通常の学級に在籍する発達障害のある幼児・児童・生徒等も対象にした教育への転換が最も大事な部分である。幼稚園・小学校・中学校・高等学校、特別支援学校等という校種別ではなく、互いに連携をとり、児童・生徒一人一人の教育ニーズに効率的・効果的に対応した教育が求められている。また、特別支援教育を支えるために、次の3つのツールを使うことが提言されている。

①個別の教育支援計画
②特別支援教育コーディネーター
③広域特別支援連携協議会等（教育支援ネットワーク）

　各学校においては、このことを十分に踏まえて、従来の教育システムを有効に活用すると同時に、学校内組織の再構築（校務分掌の見直し）、保護者理解の推進、関係機関等の地域資源のまとめを行うことが重要である。

■解決策

　学校の目的は、児童・生徒により良い教育を提供し生きる力を育むことである。生きる力は学校で培われるだけでなく、家庭や地域の中で活用されてこそ本物になっていく。地域ということでは、従来、広域の学区域からスクールバスで通学せざるを得ないために、特別支援学校は児童・生徒の地域生活については欠くことがあった。特別支援教育は、児童・生徒の地域性を取り戻し、地域の小・中学校等との連携を深める良い機会でもある。また、児童・生徒だけでなく、保護者にとっても、地域生活の向上のため、地域支援体制作りへの高いニーズがある。このような背景により、東京都教育委員会では、平成19年度から、全都的な副籍制度（居住する地域の小・中学校に副次的な籍をもつ）を開始した。

　教職員に関しては、個別の教育支援計画を作成する上で、地域生活は欠かせない視点である。また、特別支援教育はこれらの課題解決のためにも実施されるものであり、広域特別支援連携協議会等（教育支援ネットワーク）の設置により、さらに豊かな地域生活の実現が図られることになる。

　校長や副校長は、こうした特別支援教育の理念を教職員、保護者に理解してもらうだけでなく、現状と課題を明確にして、どのように行うか具体的な計画がなければエリア内行政各機関とのパートナーシップを構築することができない。そのためには、①学校の専門性（支援するだけの専門的な力が学校にあるのか）、②支援の内容の具体性（どのようなことが支援できるのか）③支援のための組織（人材、担当部署等がどのように組織化されているか）、などが明らかにされていなければならない。

　さらに、より良いパートナーシップの構築においては、相互のメリットがなければ長続きしない。現在、特別支援学校が行っていることは発達障害等に関する研修会の開催が主な支援内容であるが、いずれ対象者全員が受講し

たら終わりになってしまう。互いの学校の専門性や教育への各々の持ち分を明確にして、必要な時にはいつでも相互に支え合うことで、児童・生徒一人一人の教育ニーズに対応していくという合意形成が必要になってくる。

　また、特別支援学校間の連携も重要である。個々の学校としての取組以外に、推進計画で提示された特別支援学校間の連絡会議等を発足させて、障害ある児童・生徒の指導や支援について、専門性を備えた学校が相互に機能していく体制や仕組みを作ることが望まれる。

　さらに、特別支援教育には管理職の専門性と連携も重要である。学校外の諸機関との協働作業が主になるので、管理職の一致した見解のもと、組織的・計画的な実施が求められる。

■アドバイス
　地域は、特別支援学校に何を期待しているのだろうか。そして、特別支援学校は地域に対してどんな支援ができるのだろうか。特別支援学校の専門性は本当に必要とされているのか。常に自問自答していくことと、地域のニーズを正確に把握することが重要である。また、在籍する児童・生徒の指導を疎かにすることのないように学校運営面でどのような工夫ができるかがキーポイントとなる。

■国の指導等
　改正学校教育法第74条では、「特別支援学校においては、第72条の目的を実現するための教育を行うほか、幼稚園、小学校、中学校、高等学校又は中等教育学校の要請に応じて、第81条第1項に規定する幼児、児童、生徒の教育に関し必要な助言又は援助を行うよう努めるものとする。」とある。

　また、文部科学省からの「特別支援教育の推進について（通知）」（平成19年4月1日）では、特別支援学校における取組の中に、地域における特別支援教育のセンター的機能を位置付け、以下のようなセンター機能の発揮を求めている。

　・特別支援学校においては、これまで蓄積してきた専門的な知識や技能を生かし、地域における特別支援教育のセンターとしての機能の充実を図ること。
　・特に、幼稚園、小学校、中学校、高等学校及び中等教育学校の要請に応

じて、発達障害を含む障害のある幼児児童生徒のための個別の指導計画の作成や個別の教育支援計画の策定などへの援助を含め、その支援に努めること。
・また、これらの機関のみならず、保育所をはじめとする保育施設などの他の機関等に対しても、同様に助言又は援助に努めることとされたいこと。
・特別支援学校において指名された特別支援教育コーディネーターは、関係機関や保護者、地域の幼稚園、小学校、中学校、高等学校、中等教育学校及び他の特別支援学校並びに保育所等との連絡調整を行うこと。

事例解決策 2　特別支援教育への転換が遅れている学校（小学校）

事例

　A小学校は、中規模で、固定制や通級制の特別支援学級は設置していない。比較的、落ち着いた学校であるが、ADHDやアスペルガー症候群と診断されている児童が数人いる。また、診断はされていないが、衝動的であったり、こだわりが強かったりして、学級内外で様々なトラブルを起こしがちな児童もいる。
　最近、学級担任が、学習指導や保護者対応に苦慮していることが多くなっていて、校長は、学校として特別支援教育の推進に取り組み、発達障害のある児童に対する配慮や指導について、校内の支援体制を整えたいと考えていた。
　しかし、教職員は特別支援教育への理解が浅く、また、教育相談も組織的に機能していない現状があり、校内委員会の設置等を促しても、「時間がない」「専門家が来ないと分からない」など、特別支援教育への取組について消極的である。

■視点

　平成17年4月に施行された発達障害者支援法には、発達障害の定義や、学校教育における発達障害者への支援などが示されている。
　また、「東京都特別支援教育推進計画」（平成16年11月）では、第一次実施計画において、平成19年度までに、各小・中学校で校内委員会を設置し、特別支援教育コーディネーターを指名することが明記されている。また、第二次実施計画（平成19年11月）においては、通常の学級における特別支援教育の推進が明記されている。
　これらのことから、各学校では、特別支援教育を推進していくために、校長のリーダーシップの下、教職員全員が発達障害に対して理解を深めるとともに、具体的な支援に当たっては、教職員一人の力量に頼るのではなく、学校全体で組織的に対応していくことになる。
　特に、校長は、全校的な支援体制を確立するために、学校経営計画（方針）の中に、特別支援教育の推進について明確に示すことが必要となる。
　すでに、モデル事業等を先駆的に実施している区市町村教育委員会や各学

校からの情報を得ることも必要である。また、児童・生徒の実態や教職員の意識を掌握した上で、校内支援体制の構築、教員の指導力の向上や教育環境の整備、保護者への理解推進、教育委員会や関係機関との連携などについて、具体的な方策を策定し、計画的に実行していくことが大切である。

■解決策
①特別支援教育コーディネーターの指名
　Ａ小学校では、特別支援教育を推進するために、全校体制で支援を行う組織を築く必要がある。
　まず、校長は、適切な人材を特別支援教育コーディネーターとして指名し、校務分掌に位置付ける。
　Ａ小学校のように、特別支援学級が設置されておらず、専門的な知識をもった教員がいない場合もあるが、校内の実態把握、校内委員会の企画・運営、関係機関との連絡・調整、保護者との相談窓口等の役割として、主幹や教育相談主任、養護教諭などから、リーダーシップを発揮できる教員を充てていく。必要に応じて複数の教員を指名する。
　また、コーディネーターとして計画的に育成していくために、研修等にも積極的に参加させるようにする。
②校内委員会の設置
　既存の生活指導部や教育相談部などの組織を活用したり、また新たな組織として校内委員会を設置したりする。
　校内委員会は、教職員の発達障害に対する理解・啓発の推進、児童の実態の把握、校内で可能な支援、関係機関の活用、保護者との連携の在り方などについて具体的な検討を行う役割を担わせる。さらに、特別な支援の必要な児童・生徒については、保護者の同意を得て、個別の教育支援計画や個別指導計画を作成する。最初は、Ａ４判１枚程度に、児童・生徒の実態と具体的な支援内容、児童・生徒の変容の様子などを記載できる支援カードから始めていくことが効果的である。
　校内委員会は学期１回か月１回程度開催する学校が多いようだが、必要に応じて開催するようにする。主幹と連携した特別支援教育コーディネーターが運営の中心となって、学級担任や教科担当だけではなく、他の教職員に組織的に対応させるとともに、児童・生徒の様子や支援の方針などについて、

共通理解を図っていく。
③関係機関との連携
　支援が必要とされた児童・生徒の中には、専門家や関係機関と連携する必要がある場合もある。地域の活用できるリソース（支援機関）を把握し、連携を図れるようにしておくことは、教職員に対しても安心感を与えることになる。
　また、医療機関や福祉機関以外にも、近隣の特別支援学校や区市町村内の特別支援学級（固定学級や通級指導学級）、教育相談機関等の活用が考えられる。必要に応じて、校内委員会への参加も視野に入れておく。
④校内の支援体制の工夫
　適切な実態把握を行った上で、指導形態・内容等を校内委員会で検討する。また、保護者との意思疎通も図っていくことが重要である。
　校長は、一人一人の児童・生徒の教育ニーズに応じた支援ができるよう、特別支援教育体制を迅速に構築していくことが必要である。

■アドバイス
　障害のある児童・生徒への対応を経験したことがない教員（発達障害を含めると、このような教員はほとんどいないはずであるが）は、「障害」という言葉を聞いただけで、自分の担当や責任ではないと考えてしまうことも少なくない。もちろん、担任だけに指導の責任を負わせるわけではないが、関係機関等の協力を得ながら、全ての学級において適切な指導や支援を行うことができるようにするためには、学校全体での特別支援教育の推進体制づくりが重要である。また、特別支援教育コーディネーターも、教員の中から指名するわけであり、できるだけ複数指名としたり、分掌組織に明確に位置付けたりするとともに、対外的な対応に関しては管理職の協力が不可欠である。

■国の指導等
　平成19年度の東京都における小・中学校の特別支援教育の推進状況としては、特別支援教育コーディネーターの指名は100％、校内委員会の設置も100％である。しかし、個別指導計画の作成については40％弱、個別の教育支援計画の策定については20％弱という状況であり、今後の課題となって

いる。また、国の特別支援教育支援員については、平成19年7月段階で、東京都の全小・中学校（1,959校）で2,818人の支援員の配置状況である。

　また、文部科学省からの「特別支援教育の推進について（通知）」（平成19年4月1日）では、特別支援教育の推進における校長の責務を、以下のように明確に位置づけている。

・校長（園長を含む。以下同じ）は、特別支援教育実施の責任者として、自らが特別支援教育や障害に関する認識を深めるとともに、リーダーシップを発揮しつつ、次に述べる体制の整備等を行い、組織として十分に機能するよう教職員を指導することが重要である。
・また、校長は、特別支援教育に関する学校経営が特別な支援を必要とする幼児・児童・生徒の将来に大きな影響を及ぼすことを深く自覚し、常に認識を新たにして取り組んでいくことが重要である。

事例解決策3　公開授業研究ができない学校（特別支援学校）

事例

　A知的障害特別支援学校は、小・中・高等部設置の大規模校で、教職員の異動が多く、学校全体での研究・研修活動の組織化が図られていない課題がある。

　特に、自閉症を併せ有する児童・生徒の指導の工夫、企業就労を目指した職業教育の在り方の検討などは、保護者や地域からも大きな期待と要望があるが、具体的な研究や取組に着手されない状況である。

　主幹は3名配置されているが、主幹が、連絡調整や指導・助言の役割を果たせず、教員が分担して行うべき実務の尻ぬぐいをしている現状がある。

　また、校長・副校長は、教員研修に関して、初任者研修、2・3年次授業研究、4年次授業観察、10年経験者研修などの進捗状況や研修内容を、研究主任に任せきりにしていて、実態を把握できていない。

　昨年度の学校評価で、学校運営連絡協議会での要望などに対応すべく、校長が、企画調整会議で公開授業研究会の開催を提案したが、日程の調整等を理由に教職員の反対が多く、実施を断念せざるを得なかった。

■視点

　特別支援学校において、今後の特別支援学校への転換を図り、学校が地域の特別支援教育のセンター的機能を果たしていくための体制整備を行っていくことが重要である。

　特に、障害がある児童・生徒の教育では、今まで以上に、高度で専門的な教育内容が求められるようになる。

　校長は、教員一人一人のキャリアプランによる人材育成の視点を重視しながらも、学校全体の教育の専門性向上のために、大学や研究機関との連携を深め、特別支援教育の教育研究機関としても機能する学校経営を目指していかなければならない。

　公開授業研究会は、「開かれた学校づくり」を推進する上でも、有効な手段であり、共通テーマを全教職員が意識し、地域や関係機関と一体となって、継続的に実施していくことが重要である。

■解決策
①綿密な実施計画の策定と魅力ある講師陣
　公開授業研究会を推進するため、校長・副校長は具体的には次のようなことを行っていくことが重要である。公開授業研究会開催の企画に当たり、その成果や意義を真摯に受け止る教員からは、「自分の授業に自信がもてる」「これからの指導法に有意義な助言を得られる」「苦労するけれど、やった方が良い」などの意見が述べられる。教職員が一丸となって大きく変わる取組であり、綿密な準備をさせることが必要である。
　まず、1年以上前から、具体的な研究テーマを決め、その分野の第一人者を講師に依頼する。講師のネームバリューと継続的な関わりの有無は、特に大事な要素となる。
　また、出張、研究図書の購入、派遣研修なども、研究に関連させていくことが必要となる。一次案内、二次案内をできるだけ広範囲に配布し、宣伝していく。外部からの参加者の目標は200名以上である。
②公開日当日までの職員室での意識啓発
　授業公開日の3カ月前頃から、研究紀要や当日の授業案の作成、教材づくりなど、進捗状況を確認していく。職員朝会などで徐々に教員の意識を高めていくことも必要である。
③中堅教員の活躍の場と役割の明確化
　公開授業研究会の成否は当日までに指導案や指導計画を、どこまで深く突き詰めることができたかによる。そして、ベテラン・中堅の教員が、研究にどの程度意欲的に関わったかが鍵となる。
　管理職の中には、ベテラン教員にも若手と同じように授業させようとする人がいるが、学部や学年単位でのリーダーとして、理論的な研究や経験から得た実践的な助言をさせるなどの役割をもたせることが必要な配慮である。
④見せる授業と十分な研究協議の設定
　普段の授業をそのまま見せれば良いということではない。環境整備や、授業中の発問、複数担任での役割分担、教材・教具の工夫、評価の観点・基準など、入念な準備が必要である。
　また、研究協議の時間を必ず設定して、学部やサブテーマごとに協議をしていく。授業者には、想定質問・回答を用意させる。また、協議内容は、ホームページや研究報告書の配布で公開することも大切である。

⑤事務職員等が参加する評価と反省

　運営上の様々な課題などについては、事務室等の職員からの意見も必要である。学校を支える教職員の結束を強めるために、こういった場への参加は、より良い学校運営のために意義深いものなる。

　このようなことを実行していくためには、言うまでもなく、教職員の力を一つにまとめ、一定の目標に方向付けることが必要であるが、校長・副校長のリーダーシップ如何によるものである。

■アドバイス

　研究授業や公開授業を行うことは、教師としての力量を高める上で有効である。しかし、準備が大変であるとか、意義がない、日常的にやっているので問題ないなどと、公開することを避ける教員は少なくない。また、管理職も、安易に「いつもの授業を見せればよい」などと意欲を削ぐような対応をすることがある。

　日々の授業をしながら、研究を行っていくことは容易ではなく、また、研究協議会では、自分の研究や実践が厳しく評価されることもある。授業を公開することで、学級経営の欠点を指摘されることもあるが、それが児童・生徒にとって、よりよい環境などに変わっていくのであれば、大きな成果を得たことになる。

　管理職は、事前の的確な指導・助言とともに、努力した点や苦労した点については、きちんと見極めて励まし続けることに精力を使うべきであると考える。

■国の指導等

　文部科学省の研究開発学校制度は、教育実践の中から提起される諸課題や、学校教育に対する多様な要請に対応した新しい教育課程（カリキュラム）や指導方法を開発するため、文部科学省では、学校教育法施行規則第26条の2等に基づき、現行の基準によらない教育課程の編成・実施を認める研究開発学校制度を設けている。

　また、平成12年度からは、各学校や地域の創意工夫をこれまで以上に生かすため、従来の、文部科学省が研究開発課題を定めた上で都道府県教育委員会等に学校の推薦を依頼していた方式を改め、学校の管理機関が主体的に

研究開発課題を設定し、文部科学省に申請することとしている。

　東京都教育委員会では、家庭、学校及び地域社会が連携して児童・生徒の豊かな心をはぐくむとともに、小・中学校等における道徳教育の充実のために、平成10年度から都内公立小・中学校等で道徳授業地区公開講座を開催している。

　平成12年度からは「心の東京革命」の一環として位置付け、より広く都民に公開することを重視し、平成14年度には都内すべての公立小・中学校等2,005校で実施し、平成19年度は、都内すべての公立小・中学校1,956校及び区立特別支援学校3校で実施するほか、すべての都立中高一貫教育校の4校及び特別支援学校の19校を加えて、計1,982校で実施している。

　この取組により、各学校において、道徳の授業の質を高め、道徳の時間の活性化を図ること、意見交換を通して、家庭・学校・地域社会が一体となった道徳教育を推進すること、道徳の授業を公開することにより、開かれた学校教育を推進することなどの成果が得られている。

第6章 特別支援教育

事例解決策4 地域や保護者の評価を活用した学校経営へ（特別支援学校）

事例

　A肢体不自由特別支援学校は、住宅地に隣接し、落ち着いた学校である。教職員は熱心に教育活動を行っている。しかし、学校経営計画にある「家庭、地域社会との連携を目指し、開かれた信頼される学校」という目指す学校像を具現化する実践が不十分な教職員が多い。

　また、地域住民は小・中学校と同様に本校の教育を理解しているかということについても疑問がある。学校運営連絡協議会委員の町会長や地域の小・中・高等学校PTA役員を除けば、特別支援学校を養護施設や福祉施設と混同している人も少なくないのが現実である。

　さらに、2年前から保護者の学校評価を実施しているが、その評価結果から新たな問題点が浮き彫りになってきた。特に、就学前施設や医療機関との連携、学校間交流や居住地校交流に関すること、健康に配慮すべき児童・生徒への設備面の配慮等の評価が低い。

　このことは、個別の教育支援計画作成にあたり、保護者の要望や願いに応えていないことや、設備面の更新が計画的に行われてこなかったことが、主な原因である。

■視点

　比較的落ち着いた学校では、問題意識をもたない教員が見受けられることがある。管理職は、教員が組織の一員として経営に参画し、地域や保護者の評価に配慮する意識とともに、学校評価等に基づき、問題意識をもたせる必要がある。

　特殊教育から特別支援教育に転換していく特別支援学校では、特に学校の機能や人材を適切に活用することが重要である。学校が地域の障害児（者）の支援センター的機能を発揮するためには、特別支援教育コーディネーターはもとより、全教職員が支援に関する専門的な知識を有し、保護者や地域住民に説明責任を果たす能力も求められる。

　また、特別支援教育教員免許状への移行により、特別支援学校の教員はより、発達障害を含めた幅広い専門性が求められることになる。

■解決策
　①特別支援教育センターとしての機能の発揮
　特別支援学校では、家庭・地域社会との連携を目指し、児童・生徒の教育環境を改善するために「個別の教育支援計画」を全校が作成している。これを十分に活用するためには、特別支援教育コーディネーターを複数指名し、地域の福祉・医療・労働・教育等との支援機関連絡会議等を開催し、情報を共有化し、地域支援を行っていくことが重要である。個別の教育支援計画を基に、保護者を交えた関係諸機関との相談会議等を経て、児童・生徒一人一人の教育ニーズを的確に把握し、共通理解を図る体制整備も重要である。
　また、長期休業中などを活用し、特別支援教育コーディネーターを活用した研修会や専門研修に教員を参加させ、専門性の向上を図らせることも効果的である。
　さらに、副籍制度を積極的に実施している区市町村だけでなく、地域の区市町村が独自の居住地校交流に歩みだしている区市町村もあることから、地域格差が生じないように地域の教育委員会と情報を共有し、実施していくことが肝要である。
　②学校運営連絡協議会の活用及び広報活動の充実
　ある特別支援学校で、保護者を除く地域住民で、学校のホームページを見た人は全体の5%以下だったとのことである。地域住民との交流を深める活動により、学校を知ってもらうことは、地域の中で生きていく障害のある児童・生徒にとって必要なことだ。そのためには、特別活動や総合的な学習の時間を活用した各単元の年間指導計画の作成が重要となる。そして、その計画をいかに保護者や地域住民に広めていくかということを教職員に認識・実行させることが必要である。
　日常的に行われている学校間交流、昼休みの児童・生徒交流、高齢者施設や商店街での音楽交流など児童・生徒による交流や、町内掲示板・回覧板を活用した各種行事の広報や特別支援学校に在籍する児童・生徒の理解教育充実事業の講演会活動、夏祭り等への地域住民の参加などを通じ、学校をアピールすることも必要なことである。
　また、認定講師を活用した小・中・高等学校への出前授業、地域の小・中学校教員の研究研修活動への教員の派遣など、常に外部に発信する学校として存在することが地域に生きる特別支援学校の役目として重要である。

学校では、学校運営連絡協議会委員に、PTA会長や町内会長を委員として委嘱していることが多いようだ。特別支援学校が主催する各種行事への住民参加、小・中学校のPTA活動との連携を通じて、地域に根ざした学校となるようにしていくことが肝心である。また、学校運営連絡協議会委員を職員会議や企画調整会議に参加させるなどして、学校評価の精度を上げることも肝心である。

　また、学校の予算では、保護者の学校評価を十分に生かした予算編成を行うとともに、計画的な物品の更新を図ることが大切である。

　このような方策は、一朝一夕に解決するのは難しいことであるが、管理職には、教職員に自覚をさせ、学校を一歩一歩前進させていくことが期待される。

■アドバイス
　学校の自主性・自立性が高まる上で、その教育活動等の成果を検証し、学校運営の改善と発展を目指すことが重要である。また、学校が説明責任を果たし、家庭や地域との連携協力を進めていくことが必要とされている。教員の中には、保護者の勝手な要求に迎合するだけであるとか、教育はサービス業ではないなどと、外部評価に反対する者もいるが、学校評価の重要性とその意義を明確に示していくことが大切ですある。

■国の指導等
　文部科学省では、学校教育法を平成19年6月に改正し、第42条において、学校評価を行い、その結果に基づき学校運営の改善を図り、教育水準の向上に努めることを規定した。また第43条においては、学校の情報提供に関する規定を新たに設けた。さらに、学校教育法改正を受けて、学校教育法施行規則を改正した。

　また、文部科学省では、「義務教育諸学校における学校評価ガイドライン」（平成18年3月）を、法令改正等を踏まえ、平成20年1月31日「学校評価ガイドライン」として改訂した。

　学校評価ガイドラインの主な改訂点は、以下のとおりである。
　・新たに高等学校をガイドラインの対象に加え、別に独自のガイドライン策定を進めている幼稚園を除き、初等中等教育段階の全ての学校種を対

象として、学校における取組に当たり参考となる目安を提示した。
・学校の事務負担の軽減を図るとともに、学校評価の取組がより実効性が高まるよう改訂
・学校評価を実効性あるものとし、かつ、学校の事務負担を軽減する観点から、自己評価について、網羅的で細かなチェックとして行うのではなく、重点化された目標を設定し精選して実施すべきことを強調
・児童生徒・保護者対象のアンケート調査について、その内容の充実と事務負担の軽減のため、網羅的に行うのではなく、重点目標に即した項目により行い、自己評価に活用すべきことを強調
・保護者による評価と積極的な情報提供の重要性、及び、それらを通じた学校・家庭・地域の連携協力の促進を強調
・省令改正を踏まえ、従来の「外部評価」を「学校関係者評価」に改めるとともに、評価者に保護者を加えることを基本とすることを強調

事例解決策5　大きな変化を望まない学校（特別支援学校）

事例

　A校は、小・中・高等部設置の中規模の知的障害特別支援学校で、職員は中堅、若手の年齢構成のバランスがよいが、大きな変化を望まない傾向が強くある。毎年の学校評価に基づく、校務分掌や学部ごとの運営等の小さな改善はされているものの、社会の変化や教育行政の改革に対して教員の意識は低く、教育活動や校務運営も前年の踏襲が目立っている。

　現在、文部科学省や都教委は、障害のある児童・生徒の教育の方向として、特殊教育から特別支援教育への質的な変化を求めている。都では、東京都特別支援教育推進計画（平成16年11月）や第二次実施計画（平成19年11月）に基づき、特別支援学校の再編整備、教育内容の向上、地域への支援など、質的、量的な改革の方向を示している。しかし、このような変革の波に対する現場の教職員の意識は低く、「学校改革は対岸の火事」という認識の教員も少なくない現状である。

　また、企画調整会議を運営する主幹、主任等の学校経営の参画意識も低く、全校の連絡・調整機能が中心であり、課題を検討・計画するという「企画機能」が十分に発揮されていない。校長は、主幹・主任をはじめ、全ての教職員に組織の一員として学校経営に参画する意識を高くもたせ、学校教育を向上させていかなければならないと考えている。

■視点

　教職員の意識変革を図り、学校経営・運営に参画させるためには、社会的な変化や教育改革の必要性を職員会議等で文書や口頭で説明すること、自己申告やキャリアプラン等の提出や面接を有効に活用し、教員の気持ちを揺さぶり、自己変革が図られるよう積極的に指導・助言していくことなどが大切である。しかしこれだけでは、教員の心にはなかなか響かず、組織としては対症療法的な改善にとどまってしまう。

　このような状況を打開し、本格的な改革をするためには、校長が学校変革のビジョンを示し、具体的な改革内容・方法を明示して組織的に取り組むことで、教員各自が変革する意義や課題を意識しはじめ、結果として組織的な学校改革につながっていく。

■解決策

　校長は、主幹・主任級の中堅職員の自覚を促し、学校改革に積極的になることを目指し、次のような5つの課題への取組が必要である。
　①新たな教科・科目や二学期制等の含む教育課程の抜本的な検討
　②個別の教育支援計画の計画・実施の検討
　③新たな学校事故等に対応できる総合的な危機管理の検討
　④地域の自然や環境等を活用した新たな体験や学校行事の検討
　⑤地域の小・中学校に対する特別支援教育の実施の検討

(1) 企画調整会議による学校改革計画の検討と教職員への周知

　校長は、原案作成・提案を主幹に指示し、5つの課題に対応する組織・運営等の検討会議実施計画を検討させる。①課題検討の意義②検討内容③会議時間④検討の終着目標⑤検討結果の活用計画、等を押さえておく。そして、通常の校務分掌ではなく、新たな検討会を設置すること、長期休業中を中心に年間7〜8回程度設定すること、全教職員で分担し、推進役の主任を設けること、活性化のために、主任連絡会を設定すること、年度末に報告会を実施することなど、具体的な検討会議実施計画を作成させ、職員会議で全教職員に周知する。

(2) 主任連絡会の実施と進行管理の徹底

　新たな検討会議を進めていく中、教職員は検討内容や終着点の共通理解の不十分さの壁に突き当たり、協議や意見交換が堂々巡りをしたり、各主任の力量の違いなどにより、各検討会議の進行に温度差が生じたりしてくる。そのため、主任連絡会を定期的に実施し、副校長や主幹が各主任から会議運営の進捗状況を報告させ、アドバイスをしたり、主任相互に運営の工夫点を協議させたりすることで、検討会議を形骸化させないことが大切である。

(3) 検討会議の運営・実施のための工夫

　新たな検討会議や委員会の設置やその運営に関しては、会議時間の設定が難しいことがある。5つの課題の検討会議は、各校務分掌の職務内容に分担ではなく、プロジェクト的に新たに設置させる。会議は長期休業日を中心に設定し、通常の会議等に影響を与えないように設定する。また、検討会議には、管理職も参加し、検討の方向性等の助言をしていく。

(4) 検討会議の成果の周知と学校運営への活用

　5つの課題は、年間7〜8回程度の検討会議ですべて解決することはでき

ない。特に、検討の1年目は、課題の整理、理解、解決の見通しが中心で、検討の成果としての新たな改善策は一部である。当面の具体的成果は、①個別の支援計画作成実施要綱の作成②学校危機管理マニュアルの作成③地域への特別支援教育の連絡会の立ち上げと合同研修会の実施計画の見直し、が重要となる。

年度ごとに、検討したことを校長に報告させるとともに、職員会議で周知させ、新年度の着地点、来年度の新たな取組と検討課題を全職員で確認することが、組織的な学校改革の意識化と継続化につながることになる。

■アドバイス

学校改革において何よりも必要なのは、校長のビジョンとリーダーシップである。教員の意識が低い、旧態依然としていると嘆くだけでは、何も変わらない。まずは、全ての教職員が共通認識でき、将来の学校像をイメージできるような明確なビジョンを提示することが重要である。

■国の指導等

平成16年3月4日、中央教育審議会「今後の学校の管理運営の在り方について」(答申) が示された。学校の管理運営をめぐる課題と検討の基本的視点の概要は以下のとおりである。

検討の背景は、学校教育に対する国民の要請の多様化・高度化として、既存の公立学校が国民の期待に十分応えられていないとの批判や新しい制度の導入も含め、公立学校の管理運営全体の活性化を図る必要性を強調している。

学校教育・義務教育の本来的役割として、学校教育（公教育）は、教育の基本的な使命であり、①人格の完成を目指し、個人の能力を伸長し、自立した人間を育てること、②国家・社会の形成者としての資質を育成すること、の達成に中心的役割を果たす存在であるとしている。また、義務教育は、国民が共通に身に付けるべき公教育の基礎的部分を、誰もが等しく享受し得るよう制度的に保障し、個人の幸福の実現と、民主国家の存立という国家・社会の要請の双方にとって必須な国の根幹的教育制度であるとしている。

学校の管理運営の原則と改革の方向として、学校は「公の性質」をもつものであり、公平性・中立性の確保を前提としつつ、国民に一定水準の教育を

安定的・継続的に保障することが必要であり、このため、「設置者管理主義」及び「設置者負担主義」が原則であるとしている。また、近年、学校の管理運営に関して、自主的・自発的な取組を促進し、開かれた学校づくりを推進する観点から、「学校の裁量の拡大」「地域との積極的な連携・協力」「学校外の活力の導入」などの取組が進展しているとしている。

　そして、検討の基本的な視点として、近年の改革の流れを加速し、各学校が国民の期待に応えて、創意工夫を生かし、学校の担うべき役割を十分に果たすことができるよう、学校の管理運営の在り方をより柔軟で弾力的なものとする視点から検討すべきとしている。

　東京都においては、平成19年6月28日、校長、教諭及び養護教諭の職を職務の困難度及び責任の度合いの違いに基づき分化するため、「東京都立学校の管理運営に関する規則の一部を改正する規則の制定について～教員の職の分化（統括校長及び主任教諭等の設置）～」を発表した。

　これは、学校教育が抱える課題がより一層、複雑化、多様化している状況の中で、教諭又は養護教諭という同一の職にある者の間で、職務の困難度や責任の度合いに大きな違いが生じていたり、校長の職についても、学校ごとの課題の違いなどから、管理職として担う責任や職務の困難度に大きな違いが見られたりする状況があり、校長、教諭及び養護教諭の職を、職務の困難度及び責任の度合いの違いに基づき分化し、統括校長、主任教諭及び主任養護教諭の職を新たに設置することにより、教育職員一人一人の意欲を引き出し、資質能力の一層の向上を図るとともに、学校をより組織的に機能させ、学校全体の教育力を高めていくこととしたものである。

　具体的には、(1) 学校に、特に重要かつ困難な職責を担う校長の職として、統括校長を置くことができることとする。(2) 学校に、特に高度の知識又は経験を必要とする教諭の職として、主任教諭を置くことができることとする。(3) 学校に、特に高度の知識又は経験を必要とする養護教諭の職として、主任養護教諭を置くことができることとする。(4) 主任教諭及び主任養護教諭設置の規定整備に伴う文言整理を行うことを示した。

教育コラム

「国連障害者の権利条約」について
Convention on the Rights of Persons with Disabilities

1 署名の概要

　政府は、平成19年9月28日午前の閣議で、障害者が就職や教育で受ける差別を撤廃し、社会参加を促すことを目的とした「国連障害者の権利条約」に著名することを決定し、訪米中の高村正彦外相は、同日、国連本部で署名を行った。

　今後、条約の早期批准に向け、障害者差別を禁じる様々な国内法整備を求められる。

2 条約の概要

　「国連障害者の権利条約」は、障害者を対象とした初の国際条約で、平成18年12月の国連総会で採択された。条約は、全50条で、①障害者の市民的・政治的権利　②教育を受ける権利　③労働・雇用の権利などを保障し、障害に基づく差別を禁止するとともに、障害者の就職や教育に際し、過度な負担がかからないよう「合理的配慮」を行うよう、事業者や学校側に義務付けている。実施状況を監視するための監視機関の設置も盛り込まれている。

3 条約の批准に向けての教育の課題

　条約の批准には、条約に則った国内法の整備が不可欠である。教育では、障害のある児童・生徒のために特別支援学級や特別支援学校を整備してきたが、以下のような制度の転換が必要になる。

（1）インクルーシブな教育制度
　　ア　特別支援教育は、小・中学校、高等学校の通常の学級での指導が基本
　　イ　通常の学級での障害のある児童・生徒の教育的ニーズへの支援の整備
　　ウ　特別支援学級、特別支援学校制度の見直し

　参考：条約24条　教育
・障害のある人が障害を理由として一般教育制度から排除されないこと
・障害のある人が、その効果的な教育を容易にするために必要とする支援を一般教育制度内で受けること。
・完全なインクルージョンという目標に則して、学業面の発達及び社会性の発達を最大にする環境において、効果的で個別化された支援措置が提供されること。

（2）手話の習得及びろう社会の言語的なアイデンティティの促進
（3）企業就労を目標とした職業教育の一層の充実

実践に役立つ学校現場の事例解決策 定価：本体 2000 円＋税
2008 年 7 月 11 日　初版発行

編著者	学校事例解決策研究会
発行人	大橋　勲男
発行所	㈱都政新報社

〒160-0023　東京都新宿区西新宿 7-23-1　TS ビル
電話　03(5330)8788　　FAX　03(5330)8904
http://www.toseishimpo.co.jp/

印刷・製本　　㈱シナノ

ISBN978-4-88614-170-5 C2037
Ⓒ 2008 TOSEISHINPOSHA
Printed in Japan
乱丁本・落丁本はお取り替えいたします。

都政新報社の実務書・問題集

教職員ハンドブック
第2次改訂版…2730円
東京都教職員研修センター監修

学校の運営から教育活動の展開方法まで、キーワードに沿って簡潔に解説。校内研修、自己啓発書としても使えます。

教育管理職選考　手引き・問題集
平成20・21年度版…2940円
斎藤尚也・東海大学教授・
元東京都教育庁理事　監修

論文・択一・面接の決定版。全国・東京都校長選考にも対応

校長職務論文に合格する方法
…2940円

学校教育現場の課題と解決策を提示。職務論文対策に役立つ1冊。

実戦シリーズ

地方公務員法実戦150題
第3次改訂版 ……………………………………………… 1890円

買いたい新書シリーズ

1日10分憲法
第1次改定版 ……………………………………………… 1155円

1日10分地方公務員法
第2次改訂版 ……………………………………………… 1260円

（価格税込）